Copyright © Márcia Wayna Kambeba, 2023

Todos os direitos reservados à Editora Jandaíra e protegidos pela Lei 9.610, de 19.2.1998. É proibida a reprodução total ou parcial sem a expressa anuência da editora.

Este livro foi revisado segundo o Novo Acordo Ortográfico da Língua Portuguesa.

Direção editorial	Revisão
Lizandra Magon de Almeida	**Joelma Santos**
Assistência editorial	Projeto gráfico e diagramação
Maria Ferreira	**dorotéia design	Adriana Campos**
Preparação de texto	Ilustrações
Equipe Jandaíra	**Grafismos desenhados por Márcia Wayna Kambeba**

Dados Internacionais de Catalogação na Publicação (CIP)
(Câmara Brasileira do Livro, SP, Brasil)

Kambeba, Márcia Wayna
 De almas e águas kunhãs / Márcia Wayna Kambeba. --
1. ed. -- São Paulo : Editora Jandaíra, 2023.

 ISBN 978-65-5094-043-0

 1. Ancestralidade 2. Cultura indígena 3. Poesia brasileira
4. Povos indígenas I. Título.

23-164824 CDD-B869

Índices para catálogo sistemático:
1. Poesia : Literatura brasileira B869.1
Aline Graziele Benitez - Bibliotecária - CRB-1/3129

jandaíra

Rua Vergueiro, 2087 · cj 306 · 04101 000 · São Paulo · SP
editorajandaira.com.br
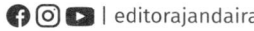 | editorajandaira

DE almas
E águas
kunhãs

márcia wayna kambeba

jandaíra

Dedicatória

Dedico este livro de modo especial à minha avó/mãe Assunta, in memoriam, mulher de lutas e sonhos que me ensinou o que é ser guerreira e a valorizar os saberes vindos dos mais velhos. E à minha mãe, Socorro, filha de Assunta, que me proporcionou viver e nascer em uma aldeia da qual tanto me orgulho, que é Belém do Solimões, do povo Tikuna.

Ouvir narrativas foi uma forma de me preparar para a vida e de adquirir saberes ancestrais para partilhar. Em nome de minha avó Assunta, dedico este livro também às anciãs e às pajés, mulheres de grandes saberes, enfrentamentos e lutas que repassam conhecimento e memórias em rodas de conversa, contando histórias, no cochicho ao pé do ouvido.

Dedico-o também a todas as mulheres indígenas e não indígenas que resistem em seus territórios, sejam eles casa/lar, corpo/território, território/memorial. Estando na aldeia ou na cidade, a identidade não se desfaz, pois nosso corpo carrega saberes, memórias e narrativas que nos tornam pertencentes a um povo. Sair de um lugar para o outro não muda a essência que se tem de ser pessoa, de viver uma cultura — mesmo que fraturada pelas marcas do contato.

É preciso resistir, insistir e refazer nosso caminho de volta, em busca não só da nossa afirmação identitária, mas de saberes, do valor do sagrado, da relação que se cria e vivencia com nossa nação, em toda a extensão do território físico e memorial.

Prefácio

Por Eliane Potiguara

Eu sou uma escritora preocupada com a evolução do mundo e das pessoas, por isso me lembro de nossas conversas de irmãs de luzes cósmicas e literárias. Também me preocupo muitíssimo com o amor no planeta e as relações humanas.

Todo ano comemoramos o Dia da Terra. Interessante, não é? Para que se preocupar com o Dia da Terra? O que significa fazer aniversário para você? Para mim, fazer aniversário é consagrar, todos os anos, o dia em que nascemos e relembrar o dia em que demos o primeiro choro na vida. Você já pensou nisso de forma especial?

Lembra comigo, querida mana Márcia. Estávamos no útero de nossa mãezinha, quietos a rolar para um lado e para outro. A todo momento sentíamos, pelo cordão umbilical, a entrada de alimentos, da água. Sentíamos nossa genitora chorar, rir, andar, trabalhar e até dormir. Dávamos aquela "chutadinha" em seu ventre e ela acordava feliz e dizia: o bebê chutou hoje! Todos riam. Já sentíamos a felicidade da vida.

Como adultos, levamos a vida numa correria incrível e não nos damos conta de que podemos parar e sonhar. Sonhar com o dia em que nascemos, sonhar com aquele momento acalentador de estarmos superprotegidos naquele líquido morno, cheio de amor. Fazemos aniversário, mas esquecemos como éramos na barriga fecunda de nossa mãe. Por que esquecemos? Eu não tenho uma resposta. Você tem? É um mistério da vida!

Esse questionamento se dá porque todo ano se comemora algo como o Dia da Terra, ou o Dia da Água, e nosso adorável aniversário.

Então, irmã, fazer aniversário é renovar os votos conosco mesmo, não é? Ficamos felizes nesse dia, recebemos beijos, abraços, presentes e sentimos que crescemos mais um pouco, que aprendemos algo diferente. Realmente é um momento renovador. Escrever um livro é a mesma coisa, uma renovação.

Parabéns por seu novo texto que acalma nossos corações. Ele fala da vida, de nossas origens, de nossa cosmologia e de nossos ancestrais.

Gosto muito da renovação do corpo, alma, mente e espírito. Precisamos disso diante do mundo difícil em que vivemos. E quando nos renovamos vemos nossas vidas mudarem para melhor, uma energia maravilhosa nos acalenta a alma, um espírito solidário nos invade o coração e nos sentimos vivos. É muito importante nos sentirmos vivos e úteis. Sabemos que há milhares de pessoas que já morreram em vida, estão vivas, mas desestimuladas, depressivas, amarguradas, sozinhas e não conseguem superar. E, pior, as que se suicidam em vida: com drogas, remédios e atitudes destrutivas.

As crianças são as flores do universo, são as esperanças do mundo. As professoras devem ser valorizadas, assim como as mães, porque elas formam e informam os infantes. Nunca as mulheres e professoras foram valorizadas. O ser humano se fortalece na fortaleza da mulher. O ser humano cria em si um novo ser, uma nova forma de pensar. O ser humano amadurece nos séculos. A vida é uma evolução. Estamos no planeta para evoluir. Essa foi a nossa conversa, lembra-se?

Busquemos uma vida melhor para nós e nossas famílias, para nossos filhos, para a literatura.
A vida é só uma, não a desperdicemos com tristezas, dissabores, amarguras. Tentemos elevar o padrão de nossas vidas ao nível máximo de alegria, compreensão e justiça. E mais: sejamos multiplicadores de formas de pensar e ações para um novo amanhã. É um desafio? Sim, mas temos que tentar diariamente. Não podemos cair nas armadilhas do sofrimento. Vamos distribuir a alegria, o amor e a compreensão através deste seu livro maravilhoso.

É o nosso pão de cada dia que queremos. São os ensinamentos ancestrais deixados pelas nossas avós. É importante que a sociedade contemporânea saiba que a valorização da MÃE-TERRA é um conceito preliminarmente dos povos originais e ancestrais, povos étnicos do Himalaia, do Tibete, das Américas, da África, da Oceania e da Ásia. Hoje, as sociedades transformam essas informações não só em objetos de estudo, mas às vezes na apropriação indevida para fins altamente capitalistas. Apesar disso, a contemporaneidade já as observa e nós povos indígenas nos unimos para contar a nossa história real.

Todas nós mulheres somos guerreiras, mas também somos trabalhadoras das letras, da cultura. Escrevamos em prol da procriação da sensibilidade no coração da humanidade.

Sumário

VIOLÊNCIA
QUE NÃO
DEFINE
15

IDENTIDADE
DE LUTA E
RESISTÊNCIA
47

NA ALDEIA
E NA CIDADE
63

TERRA
TEKOHA
107

VIOLÊNCIA QUE NÃO DEFINE

Uma história de violência

Durante anos, foram várias as formas de violências sofridas pelos povos indígenas. Séculos de matanças, doenças, torturas e exploração vieram reduzindo nossos povos e continuam nos dias atuais. Lembremos alguns atos violentos de extermínio contra aldeias inteiras:

• envenenamento deliberado;
• bombardeamento por terra e pelo ar de aldeias tidas como obstáculo para a construção de estradas;
• massacre de centenas de indígenas de uma só vez.

Em pleno século 21, o nome desses agressores estampa placas de ruas e avenidas das capitais pelo Brasil. Quem já ouviu falar de um homem chamado Borba Gato? Manoel Borba Gato foi um bandeirante paulista. Uma estátua em homenagem a ele pode ser vista na Avenida Santo Amaro, em São Paulo. Em julho de 2021, um grupo de ativistas tentou incendiá-la, e a ação gerou muito mais polêmica do que a homenagem em si. Pois bem. Borba Gato agiu com tirania e crueldade para com nossa nação indígena. Ele caçou nosso povo, escravizou, matou, estuprou mulheres indígenas, violentou a natureza em um período histórico do Brasil.

Todavia, mesmo após a morte de Manoel Borba Gato e de outros agressores, as violências contra a mulher indígena não acabaram. Vamos começar trazendo uma data marcante em nossa memória, que é o dia 5 de setembro de 1982. Nesse dia é celebrado o Dia Internacional da Mulher Indígena. Foi o dia em que as combatentes da nação Aymara, na atual Bolívia, Bartolina Sisa e Gregoria Apaza, foram assassinadas. Elas lideraram várias rebeliões em defesa de seus territórios; combatentes, usavam armas na luta contra o domínio espanhol e enfrentaram a opressão na qual seu povo se encontrava, até serem capturadas e receberem sentença de morte.
Foram então brutalmente eliminadas duas mulheres indígenas que sofreram grandes crueldades, insuportáveis de se imaginar.

Levadas pelas ruas de La Paz, foram torturadas, arrastadas por cavalos, receberam coroas de espinhos, tiveram a língua cortada para que não gritassem. Seus corpos foram esquartejados e as partes foram levadas a locais simbólicos de resistência indígena para exibição pública. Essa data anualmente serve para refletirmos sobre nossas lutas como mulheres indígenas em todo o globo, pois sentimos a dor de viver sob o medo da violência, do preconceito, do genocídio, do memoricídio etc. O sangue dessas guerreiras tem que ser lembrado por nós todos os dias, para que não percamos a essência de ser quem somos, a espiritualidade, o olhar acolhedor de quem sabe e sente a dor do outro e de nossas ancestrais pelo mundo. Assim, o dia 5 de setembro não é de comemoração, mas nos convida a profundas reflexões sobre nossa existência como continuidade de um legado que atravessou o tempo, se adaptou à modernidade sem perder a identidade e o pertencimento, e continuará resistindo.

"Minha avó foi **pega no laço**"

Na trajetória de luta dos povos originários, os marcadores de violências são inúmeros, mas um em especial chama a atenção, por ser tratado com tanta naturalidade.

Cresci ouvindo minha mãe/avó Assunta contar sobre as diversas formas de fugas traçadas pelos povos indígenas na mata ao longo desses anos de contato. Ela falava uma frase que ainda hoje ouvimos com frequência: "minha avó (ou bisavó) foi pega no laço". Se laçava as mulheres como se laça um animal, e elas eram puxadas até o alcance do algoz. Então eram submetidas a violência sexual. Quando a mulher não morria no ato do estupro, era morta no processo de esquartejamento. Em outras circunstâncias, eram violentadas e, se conseguiam fugir, o algoz mandava seus homens atrás e eles se embrenhavam na mata com ajuda de um cachorro. Daí surge outra expressão: "minha bisavó foi pega no dente do cachorro". Ambas as expressões são consequências da colonização, da dominação, da escravidão, do olhar eurocêntrico de superioridade que subalternizava e violentava nossas mulheres ancestrais, dizimando assim nações inteiras e reduzindo outras a poucas famílias.

Como essa expressão chega a você?

Sempre escuto pessoas falarem com certo orgulho: "tenho ascendência indígena porque minha avó contava que a avó dela foi pega no laço". Essa barbárie ficou registrada na memória de nossas ancestrais e chegou a nós como violência a ser reparada para desconstruir imaginários estereotipados que rememorem violências brutais. Isso faz parte da nossa luta. Minha avó contava com tristeza que a avó dela foi vítima dessa situação de ser "laçada". Por ser algo forçado, a avó da minha avó/mãe Assunta se negava a viver como uma não indígena e procurava manter os hábitos de vida próprios de seu território/aldeia. Ela muito pouco falava português e fazia uso da língua geral proveniente do Tupi, o que nos mostra que ela já fazia resistência e lutava pela manutenção de sua cultura e de sua identidade.

A submissão que esse ato de "pegar no laço" representa não fez da minha ancestral refém de um saber vindo de fora; ela procurou manter seus cantos, receber a visita de outros indígenas que chegavam a sua casa. Para sua época, foi uma mulher de coragem e ousadia. Fui conversar com minha tia Valterlina, irmã de meu pai, Reinaldo Kambeba, que conheceu e conviveu com a avó de minha bisavó Delma, mãe da Assunta. Ela se lembra muito bem do canto que a minha trisavó cantava e me falou que, naquela época, ela já fazia instrumentos musicais para usar nas rodas de cantoria com os parentes que visitavam sua casa. Algo bem singular no cotidiano de uma mulher indígena que tinha uma vida voltada para o lar e a roça nessa época.

Caminhando pela trilha da memória, precisamos entender que a expressão "pega no laço" é dolorosa, rememora as marcas de um passado machista, cruel pela presença do contato, manchado e marcado pelo sangue do genocídio, do medo e da insegurança, e precisa ser desconstruída e repensada antes de ser trazida para a luz da afirmação de uma ancestralidade. Não podemos romantizar esse ato violento que, na força da tirania, foi parindo nosso país chamado Brasil. A miscigenação que o formou tem esse histórico de estupro e morte. No olhar perdido, na memória de sofrimento de muitas mulheres indígenas e negras, forçadas a uma vida de desconforto físico e presas a um ambiente que não lhe proporcionava segurança psicológica, afetiva, com seu corpo e mente violentados e seu emocional traumatizado, elas mantinham a esperança de conseguir fugir e voltar para sua aldeia ou quilombo.

Fico imaginando a crueldade da cena: uma mulher ser laçada e ficar cara a cara com seu agressor, orgulhoso do feito; depois, estuprada e levada à força para viver com um desconhecido e dele parir filhos, amamentar, cuidar, proteger muitas vezes das agressões do próprio pai, que ainda invisibilizava a família. E, quando ela tentava fugir ou se negava ao sexo, sofria novamente violência, privação de comida e água, surras frequentes. E logo vinha um silêncio cruel seguido da ordem de falar uma língua compreensível apenas para quem a capturava. Aprendiam português assim, como forma de sobrevivência.

Nascemos da barriga dessa barbárie e muitas vezes contamos essa história com sorriso no rosto, criando uma cena romântica, naturalizando uma brutalidade sofrida por muitas de nossas ancestrais. Falar que sua avó foi "pega no laço" e reivindicar daí sua ancestralidade é uma aberração.

Essa aberração tem ainda outras consequências, pois muitas pessoas não sabem a qual povo pertencem, uma vez que essa informação foi silenciada. Algumas famílias consideram o passado indígena vergonhoso, em outros casos a situação foi ocultada e as pessoas envolvidas foram forçadas a esquecer o episódio, dando origem a um processo de memoricídio (extermínio da memória).

Nos relatos dos viajantes que andaram pela região Amazônica, pouco se encontra de registro sobre a figura da mulher indígena entre seu povo e sua presença nas lutas e decisões coletivas. Mas, em *O diário do padre Samuel Fritz*, encontramos, ao longo da leitura, trechos sobre a mulher indígena junto aos homens, lutando com seu arco e flecha. Segundo Fritz (2009), "algumas chegavam a participar das guerras e combates empunhando flechas e lutavam tão bem quanto os homens, mas perderam seu ímpeto de guerreiras pelo flagelo imposto a seu povo pelos portugueses".

Mais adiante, Fritz relata a produção de tecidos e utensílios domésticos feitos por elas. Todavia, naquela época, por conta da presença de portugueses e espanhóis, já havia vingança de povo para povo envolvendo a morte de mulheres indígenas. "Também os Tikuna tinham matado a filha do cacique Omágua de Guacarate, a quem eles tinham feito cativa desde a infância, dizendo que eles a haviam matado porque seu pai forneceu informação sobre eles e suas terras aos espanhóis." (FRITZ, 2009, p. 233).

No livro, organizado por Renan Freitas Pinto (2009), são apresentados relatos de violência sexual contra mulheres indígenas cometida por europeus. É certo que cresci ouvindo relatos de lutas entre meu povo Omágua e os Tikuna, povo que me acolheu em suas terras. Quando vivi entre os Tikuna, essa rivalidade não era mais a mesma e hoje os dois povos se unem em busca de resistência e paz em seus territórios. A violência sexual contra as mulheres, no século 18, afetava de modo especial a posição cultural e política dos caciques. Fritz (2009) relata: "[...] tudo ia bem, pois todos haviam concordado subir o rio quando de repente o principal Yurimágua me avisa que os Aysuares de Zuruite retornaram irritados com um soldado que havia publicamente violentado a mulher do cacique".

São relatos fortes sobre nossas ancestrais em séculos passados, mas servem de referência de lutas, movimentam nossas forças para seguirmos honrando cada mulher indígena que viveu sob o medo da espada e da carabina, violências trazidas pelos invasores e que amedrontam a memória de nossas avós, bisavós, trisavós, tataravós. Sofreram muito para estarmos vivas e reafirmando uma identidade de legado e resistências na aldeia e na cidade, porque todos os dias uma mulher indígena ainda é "pega no laço" quando sua vida é ceifada por estupro, muitas vezes seguido de morte. Mesmo quando ela consegue sobreviver a essa crueldade, sua alma sofre, sangra e grita: "parem de nos matar!". Somos filhas desse novo tempo e aprendemos a andar nesse chão de concreto, a viver em um mundo em construção, adaptamos a nossa cultura da aldeia para a cidade para as situações mais adversas e queremos unir as pontes interligando mundos, fortalecendo com nossas rezas e benzimentos a espiritualidade fundamental para vivermos o agora e segurar o céu.

Atualmente lutamos pelo direito de viver em nossos territórios. Muitos deles já foram demarcados; outros ainda esperam por demarcação, e nessa luta estão os que querem essas terras para usufruto próprio, como criação de gado, plantação de soja etc. E o custo disso são constantes ameaças, guerras, mortes, estupro, casas incendiadas, gritos de pavor. Voltamos a viver o que nossos ancestrais viveram de forma tão semelhante.

Nos anos de 2021 e 2022, aumentaram as mortes nos territórios indígenas, bem como a violência contra mulheres indígenas, noticiadas por associações e organizações indígenas em redes sociais – porque os jornais não mostram esses dados. Tivemos que chorar a morte de mulheres como Ariane Kaiwá, estuprada e morta aos 13 anos; Ana Yanomami Xexena, morta a tiros; Suzana Kaingang, estuprada e morta; Nhandecy Kaiowá, morta a tiros; Raíssa Guarani Kaiowá, estuprada e morta; Daiane Kaingang, estuprada e morta aos 14 anos; Rarajuty Karajá, morta pelo companheiro, grávida, aos 21 anos; Marinalva Karajá, morta a facadas pelo companheiro, aos 41 anos; Gisele Gonçalves Kambeba, sequestrada em 2015 com 21 anos, continua desaparecida. Sofremos todos os dias e ainda assim não nos é dada a possibilidade de falar sobre essas dores, tampouco são acolhidas e tratadas de forma diferente de outras violências.

Outros crimes foram registrados ao longo deste século 21. Mulheres indígenas na Amazônia são alvo não só de morte, mas de sequestro, vivendo sempre sob o medo do tráfico humano. Nossos rios acabam se tornando rota de fuga para quem executa esse tipo de crime. Não queremos que a Amazônia seja um lugar de esquecidos e esquecidas, precisamos falar dessas violências que destroem famílias, nos matam mesmo que continuemos vivas fisicamente. Às vezes me pego pensando sobre onde estará Gisele Gonçalves Kambeba, minha prima e afilhada, sequestrada por dois homens que a levaram pela mata. Nunca tivemos notícias, além das que foram dadas pelos próprios sequestradores, presos e soltos de forma estranha.

Hoje, o grande desafio é encontrar uma forma de compatibilizar o direito do Estado e o direito dos povos indígenas, que são muitos e diversos. Pedimos respeito e que de fato se cumpram os direitos indígenas apresentados pela Constituição de 1988. Os povos indígenas lutam por uma sociedade menos racista, mais igualitária, menos violenta, uma democracia de fato, que respeite as singularidades de cada povo que compõe esse país plural e multiétnico que é o Brasil.

Referências

BARTOLINA Sisa: uma lutadora aimará contra o Império espanhol. ***Capire***, [s. l.], 3 set. 2021. Disponível em: https://capiremov.org/experiencias/bartolina-sisa-uma-lutadora-aimara-contra-o-imperio-espanhol/. Acesso em: 10 fev. 2022.

DIA Internacional da Mulher Indígena. ***Wikipédia***: a enciclopédia livre. Disponível em: https://pt.wikipedia.org/wiki/Dia_Internacional_da_Mulher_Ind%C3%ADgena. Acesso em: 10 fev. 2022.

LUCIANO, Gercem dos Santos. ***O índio Brasileiro:*** *o que você precisa saber sobre os povos indígenas no Brasil de hoje.* Brasília: Edições MEC/UNESCO, 2006.

MARCOY, Paul. ***Viagem pelo Rio Amazonas***. Manaus: Editora da Universidade Federal do Amazonas, 2006.

PINTO, Renan Freitas (org.). ***O Diário do Padre Samuel Fritz***. Manaus: Editora da Universidade Federal do Amazonas/Faculdade Salesiana Dom Bosco, 2006.

Cara de "índia"

A mulher indígena está em risco em todo o mundo, porque, independentemente da localização de sua aldeia, todas compartilham a mesma sensação de insegurança, ameaças e riscos permanentes de violências das mais diversas. Entre as várias situações constrangedoras vividas por mulheres indígenas estão frases como: "você não tem cara de índia"; "tem índia morando na cidade?"; "você é descendente e já se aculturou". Primeiro, não existe uma "cara de índia" – existe uma identidade, uma afirmação com resistência, um sagrado, memória, história, referências que nos tornam pertencentes a um povo. Quando uma pessoa se encontra com sua ancestralidade, ela se compromete com as lutas, com a cosmovisão, com o legado do povo ao qual pertence. Aprende o valor do bem viver de uma nação, território, busca conectar-se com o sagrado que não sai de cada um de nós.

Precisamos entender que não somos "índias", pois temos uma identidade, um povo que nos representa, nos abraça e nos fortalece. A palavra "índia" rememora as brutais violências das quais já falamos anteriormente, vividas no passado e no presente. Chame pelo nome do povo ao qual pertencemos, isso trará para nós a certeza e a fortaleza de que somos continuidade de um legado que faz pesar sobre nossos ombros e cabeça a força das penas herdadas de nossos ancestrais, que seguem simbolizadas por nossa geração neste século 21.

Somos mulheres originárias, lideranças de aldeia ocupando o posto de cacica e carregamos a força no fazer cultura, na forma de administrar uma aldeia, no cuidado com os irmãos, no modo como traçamos o caminho e na sobrevivência de conduzir a vida na aldeia e na cidade, fazendo política, literatura, artevismo, utilizando das várias linguagens da arte para anunciar e denunciar, estudando e partilhando saberes. A maneira como cada mulher indígena contribui com a luta é singular, mas precisa ser articulada com a luta de todas, para que o coletivo tenha visibilidade e o empoderamento de fato apareça com toda sua imponência. Todas as mulheres indígenas são fundamentais no processo de manutenção dos saberes e valores de povo. Ninguém fala em nome de ninguém, pois os ecos se somam, amplificando o som e chegando com mais força a todos os lugares.

Índia eu não sou

Não me chame de "índia"
Esse nome me causa dor
Rememora a violência sofrida
Pela espada do "colonizador".

Honro o sangue das ancestrais
Perseguidas passo a passo
Imagino o terror da bisavó
Que pelo invasor foi "pega no laço"

Invadiram as aldeias
Corpos estendidos no chão
Roubaram, estupraram
Queimaram muitas ukas
Terror e devastação

      Em nome de uma coroa
      De um Deus que na cruz se erguia
      Enquanto o coração sangrava
      O invasor se divertia
      Declarando guerra
      Na força da tirania

      Estupro seguido de morte
      Casamento sem permissão
      Assim minha ancestral pariu o Brasil
      Berço dessa nação

"Índia" eu não sou
Sou mulher originária
Trago a minha indumentária
Do meu povo afirmação

Identidade com resistência
Carrego na barriga a educação
Sou mulher e faço ciência
Luto contra a "aculturação"

> Sou Guarani, Guajajara, Tembé
> Kambeba, Mura, Suruí, Tremembé
> Kayapó, Tupiniquim, Sateré
> Tupinambá, Kokama, Zo'é
> Wai Wai, Pataxó, Tapirapé
>
> Galibi, Assurini, Kariri
> Xakriabá, Gamela, Kanela
> Krenak, Pankararu, Munduruku,
> Kaapor, Dessano, Tukano
>
> Gavião, Piratapuia, Tariano
> Potiguara, Anacé, Arara,
> Fulni-ô, Xikrin, Tabajara
> Tuxá, Karajá, Kumaruara

Karipuna, Juruna, Tikuna
Payayá, Miranha, Kaxuyana
Xipaia, Terena, Wapichana
Makuxi, Puri, Borari
Arapium, Wuitoto, Yanommi
Amanayé, Paliku, Xukuru
Awá Canoeiro, Suiá, Xavante
Somos muitas e somos gente

Estou na aldeia e na cidade
Vivo a minha mocidade
Nas lutas de cada dia
Sou pajé, benzedeira
Eu também seguro o céu

Sou raiz entrelaçando o tempo
Uma ancestral riozeira
Filha das águas
Neta das samaumeiras.

Resplandecente como o sol

Nossas parentas
Guerreiras de um legado infinito
Sabem a força que trazem na alma
Olhos fixos nas lutas
Ternura, sabedoria, sagrado
Que brotam de um sorriso bonito.

Nesse novo tempo
Onde lutamos por território
Tudo continua difícil
O que se vê são violências e invasões
E a aldeia que é nossa
Se tornou um espaço provisório.

Matam nossas parentas
É bala invadindo corpos
A dor é muito forte
Estupro seguido de morte
Crianças violentadas
Nessa terra pindorama

Onde o que importa para a maioria
É cuidar da própria grama.

Não há muito o que fazer
Nhanderú nos ajude a compreender
Por que tanta maldade humana
Por riqueza, ganância, grana
Sofremos uma ação desumana.

E eis que surgem resplandecentes
Como sol de um novo dia
Mulheres que tombaram
E emergem de águas profundas e frias
Filhas de tantas Marias.

E nos seguram pelas mãos
Nessa difícil travessia
Emanando espírito de luta
E força para toda labuta.

Ariane Kaiowá! Presente!
Ana Yanomami Xexena! Presente!
Suzana Kaingang! Presente!
Nhandecy Kaiowá! Presente!
Raíssa Guarani Kaiowá! Presente!
Daiane Kaingang! Presente!
Rarajuty Karajá! Presente!
Marinalva Karajá! Presente!

Que o espírito dessas guerreiras
Encontre a luz
Seguindo no caminho da terra sem males.

Amazônidas

Somos filhas das ribanceiras
Netas de velhas benzedeiras
Deusas da mata molhada
Temos no urucum a pele pintada

Lavando roupas no rio
Lavadeiras
No corpo um gingado de
carimbozeiras
Temos a força da onça-pintada
Lutamos pela aldeia amada

Mas viver na cidade
Não tira de nós o direito
De ser nação, ancestralidade
Sabedoria, cultura

Somos filhas de Nhanderu,
Seneru, Nhandecy
O Brasil começou bem aqui
Ou será que foi ali

Não nos sentimos aculturadas
Temos a memória acesa
E vivemos a certeza
De que nossa aldeia resistirá
Ao preconceito do invasor
Somos a voz que ecoa
Resistência? Sim, senhor!

A força
de ecoar

Somos mulheres indígenas
Chegamos para lutar
Trazendo na nossa arte
A força de ecoar

A sabedoria da palavra
O cuidado no semear
Adubo e terra boa
Faz a planta germinar

        Lutamos todos os dias
        Contra preconceito e opressão
        Garimpo e epidemias
        Maus-tratos e desumanização

        Somos povos resistentes
        Filhos do sol e da lua
        Herdeiros das penas e arcos
        Lutamos pela terra
        Que é minha e sua

Precisamos todos os dias
Essas lutas relembrar
"Índio eu não sou"
Vamos juntos rememorar
Somos herdeiros de um legado
E nesse solo sagrado
Continuamos a habitar

        Vem junto dar as mãos
        Num ato de solidariedade
        Somos humanidade
        Mas precisamos viver
        O amor, a solidariedade
        Nesse mundo em construção

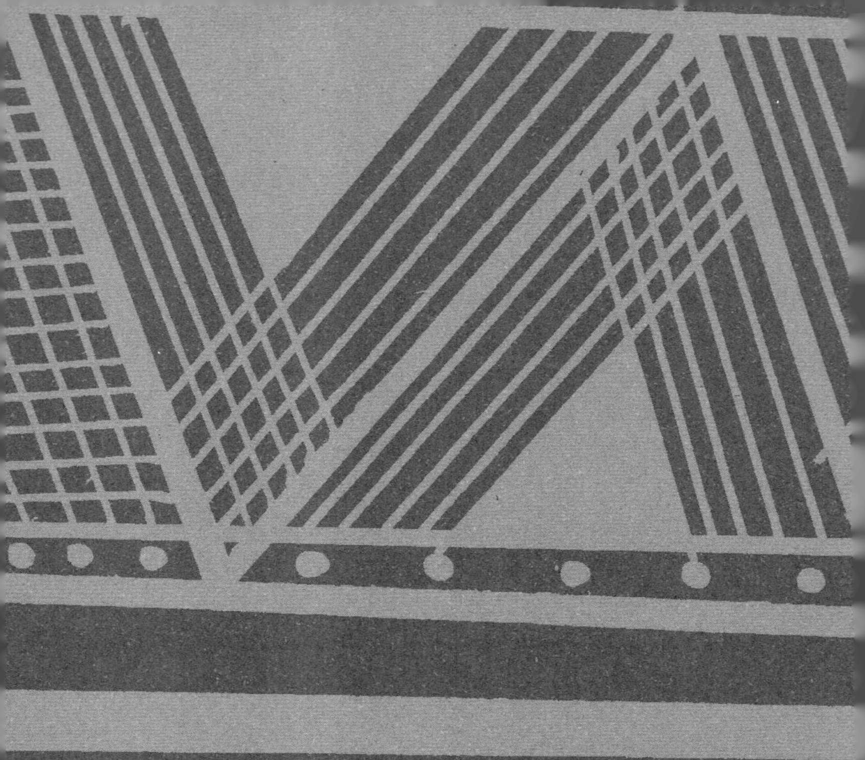

IDENTIDADE
DE LUTA E
RESISTÊNCIA

Mulheres indígenas na política

A resistência dos povos indígenas no Brasil desde o contato constitui, sem dúvida, um importante marco na história das relações interétnicas da sociedade humana. No decorrer dos anos de colonização e dominação aos quais os povos originários foram submetidos, se fez necessária a construção de pontes interligando mundos e fortalecendo as ações dos indígenas que vivem em contexto de aldeia e de cidade.

Viver na cidade não é fácil. A realidade de muitos povos que vivem em contexto urbano é marcada por muitas lutas, e as ocupações de terrenos baldios em bairros na maioria periféricos das capitais é uma realidade. As casas são levantadas de forma precária, algumas cobertas com lonas, e os terrenos são ocupados. As mulheres sofrem, sempre com medo de que a polícia chegue para desalojar sua família. Às vezes, têm que sair às pressas com seus filhos da casa, muitas vezes vendo o marido ser agredido, os filhos baleados ou mortos, sem saber se poderão retornar.

O tratamento político dado à questão indígena no Brasil não atende às necessidades dos povos em sua totalidade, e isso é um fato. Vive-se um descaso na saúde, na educação, no saneamento básico. Seja na aldeia, seja na cidade, as políticas de inclusão são escassas, nossos saberes pouco têm adentrado as salas de aula, como manda a Lei nº 11.645 de 10 de março de 2008, e a cultura é desvalorizada em sua importância e singularidade. Aldeias são alvo da especulação imobiliária, da exploração por mineradoras, madeireiras, fazendas e pelo próprio governo federal, que sempre nos viu como impedimentos para o progresso.

Todavia, nessas últimas décadas, houve uma emergência política de etnicidade dos povos e a projeção dos parentes na política se fez necessária e urgente. No Brasil, o movimento indígena surgiu a partir de encontros e assembleias indígenas criadas no ano de 1974, em que lideranças indígenas, caciques e outros membros atuaram como sujeitos e sujeitas desse processo. Esse movimento foi ganhando força até a Assembleia Nacional Constituinte, eleita em 1986. A luta pela demarcação e homologação de terras, porém, começou em 1961, quando o então presidente Jânio Quadros criou o Parque Nacional do Xingu, idealizado pelos irmãos Villas-Bôas, com texto pensado e escrito pelo antropólogo Darcy Ribeiro.

Para o avanço desse movimento, algumas personalidades indígenas e lideranças foram fundamentais: Mário Juruna, Álvaro Tukano, Ângelo Kretã (assassinado), Marçal Souza (assassinado), Raoni Mentuktire, Ailton Krenak, Domingos Veríssimo Terena. Muitas mulheres indígenas também faziam parte do movimento, somando forças com os guerreiros: Eliane Potiguara, Tuíra Kayapó, Quitéria Xukuru, Deolinda Dessana, entre outras parentas. O movimento indígena se junta a tantos outros movimentos sociais e eles são parte importante da democracia brasileira.

Na política, representando a nação indígena, eleito pelo voto direto, tivemos o tão saudoso Mário Juruna, famoso por usar um gravador nas audiências de que participava. Gravava as reuniões de plenárias, porque dizia não confiar na palavra do não indígena, que tinha mania de falar uma coisa e desfalar depois. Com a morte de Mário Juruna, houve uma lacuna nessa representatividade política; nenhuma pessoa indígena ocupou o cargo de deputado federal até 2019, quando uma mulher do povo Wapichana, formada em Direito, é eleita. Ela toma posse e cumpre seu mandato até 2022.

Joênia Wapichana é matéria em TV e jornais por ser a primeira mulher indígena eleita na história do Brasil ao cargo de deputada federal. Joênia Wapichana teve um mandato desafiador. Uma de suas conquistas foi mudar o nome do dia 19 de abril de "Dia do Índio" para "Dia dos Povos Indígenas", apesar das tentativas contrárias. Essa mudança pode parecer bobagem, ou que não adiante muita coisa, mas, para nós que vivenciamos racismo e preconceito, significa muito.

 A presença da mulher indígena foi se expandindo ao longo desses anos e ganhando espaço em várias frentes. Em 2005, em um dos acampamentos

Terra Livre, surge a Associação dos Povos indígenas do Brasil (APIB). Intensifica-se a luta para ter representantes indígenas no poder e formar a bancada do cocar, para buscar direitos e respeito em um momento difícil, quando se vê a facilitação da entrada de madeireiras e mineradoras em terras indígenas. É nessa nova reestruturação que se levantam vozes como a de Sônia Guajajara, que já vinha atuando no movimento, mas seu eco ganha força e se expande para fora do Brasil com o movimento da APIB e com frases de efeito como: "A luta hoje é pela vida" e "Nenhuma gota de sangue a mais". Sônia Guajajara esteve à frente da APIB por alguns anos, acompanhada de Célia Xakriabá, que, em 2022, foi eleita juntamente com Sônia Guajajara para deputada federal. Ambas tiveram votações expressivas, Célia Xakriabá pelo estado de Minas Gerais e Sônia Guajajara por São Paulo.

Em 2022, o presidente Luiz Inácio Lula da Silva é eleito pela terceira vez e sua vitória traz um marco histórico para o movimento indígena: a criação do Ministério dos Povos indígenas. Assume o cargo de ministra uma mulher indígena, Sônia Guajajara, que abdicou do cargo de deputada eleita, levando consigo para cargos de secretariado um número expressivo de parentas. A demarcação de terras indígenas passa a ser uma realidade: seis Terras Indígenas (Tis) foram demarcadas pelo Governo Lula em 28 de abril de 2023, durante a 19ª edição do Acampamento Terra Livre (ATL), em Brasília.

Outra ação importante que o presidente Lula fez foi convidar para assumir a presidência da Fundação Nacional dos Povos indígenas (Funai) a ex-deputada Joênia Wapichana, primeira pessoa indígena a assumir esse cargo, até então sempre ocupado por não indígenas. Ressalta-se que antes a Funai se chamava Serviço de Proteção ao Índio (SPI), órgão criado em 1910 com a função de promover o bem viver dos povos originários em seus territórios, mas que acabou não cumprindo de fato sua função e deixando a desejar quanto aos direitos dos povos no sentido de viver sua cultura e sua memória em seus territórios. Com a chegada de Joênia Wapichana, a esperança é que haja uma drástica restruturação na Funai, que deixa de se chamar Fundação Nacional do Índio para se tornar Fundação Nacional dos Povos indígenas, passando a representar efetivamente os povos indígenas em todo o território brasileiro.

Estados como Bahia, Tocantins, Amapá e Pará, entre outros, inovaram ao criar secretarias de assuntos indígenas. O Tocantins trouxe para ser a primeira secretária de Povos Originários e Tradicionais a parenta querida Narubia Werreria, do povo Iny (Karajá). Essas ações e articulações são importantes para a aproximação com o governo do Estado, para que vejam com olhar mais acolhedor nossas lutas pelos direitos que nos foram negados por anos.

Temos muitas mulheres indígenas competentes para assumir cargos de primeiro escalão. Muitos territórios ainda são desconhecidos para nós, mas nossa participação é fundamental na defesa dos direitos e dos territórios, sempre sob ataque.

Kunhã, menina guerreira
É forjada na luz e no amor
Nessa terra de muitos povos
Corre meu rio Solimões
Ouvi um grito que anuncia
Sou a deusa das canções

Cunhãs guerreiras

Ei, guerreira, eu vou indo
Alegre te ver dançar
No banzeiro vou sonhando
Com teu ritual ao luar

Nesse rio de encantos
Tem o boto dançador
Venha ver quem te chama
O canto do encantador

Minha terra dos Kambeba
Os teus filhos vão chamar
Vem aqui, nação Kambeba
Tikuna, Kokama, Miranha
Vem cá!

Nessa aldeia dos Kambeba
Tem sagrado e valor
Coração da Amazônia
Brasil plural na minha cor.

Luta por direitos

A luta das guerreiras de hoje
Se faz na aldeia e na cidade
Se luta pela aldeia/território
Também tem luta na Universidade

Educação de qualidade
Saúde e bem viver
Respeito com a cultura do outro
Queremos dar e receber
Plantando para colher

Direito à saúde
Com atenção diferenciada
Na aldeia direito de viver
Sem o risco de ser violentada
Sem abusos e feminicídio
A vida é para ser respeitada
Não é não! A palavra está dada.

Mulher indígena em luta

No relógio do tempo
Vejo a vida caminhar
Mudanças aconteceram
Na aldeia, meu lugar

Resistências gritamos
Com maracá na mão
Na continuidade do legado
Precisamos ser continuação

        Vivemos um novo tempo
        Na biologia da vida
        Pari o Brasil
        Na dor, no medo
        Da espada, catecismo da fé

Na aldeia luto para sobreviver
A língua materna?
O branco me fez esquecer
Herança que o Brasil
Se negou a aprender

Quero ser semente viva
Plantar para meu filho colher
Ter forças para lutar
Na aldeia e no Congresso
Não quero ser estatística do Censo
Dos que morreram pela mão do progresso

Sou cacica, pajé
Meu lugar é onde eu quiser
Sou forjada na resistência
Faço política, ciência
Sou fina como uma flor
Mas tenho a força da onça
Quando o assunto é luta
Contra o valente opressor.

Um novo amanhã

A cultura dos povos
Nesta terra sagrada
Calejada e desrespeitada
Não é novidade para ninguém

Desde os tempos dos viajantes
Dos que se chamavam bandeirantes
Nosso povo se esquiva do invasor
Porque somos resistentes caminhantes

Abusaram da nossa hospitalidade
Negligenciaram nossa amizade
Estupraram as ancestrais
E há quem se sinta melhor que nós
Por viver na cidade
Em um ir e vir entre o bem e a perversidade

As mulheres observavam
No silêncio do seu ser
Choraram, gritam
Vendo a aldeia perecer

Hoje a violência continua
Mas os tempos mudaram
Novas matas desbravaram
Em busca de um novo amanhã

Mostrando que se tem um sagrado
Que o choro do passado
Tornou-se força para o esperançar
É preciso saber caminhar
Neste tempo desajustado e apressado

A pena que fortalece o cocar
Precisa no Congresso ecoar
Buscar maneiras de minimizar
A dor que por gerações se carrega
É tanta maldade e ganância
Mas o povo não se entrega

Lá vêm as mulheres indígenas
Articuladas politicamente
Para reivindicar
Políticas públicas para os povos
Na aldeia e na cidade
Está em cada passo que pode dar

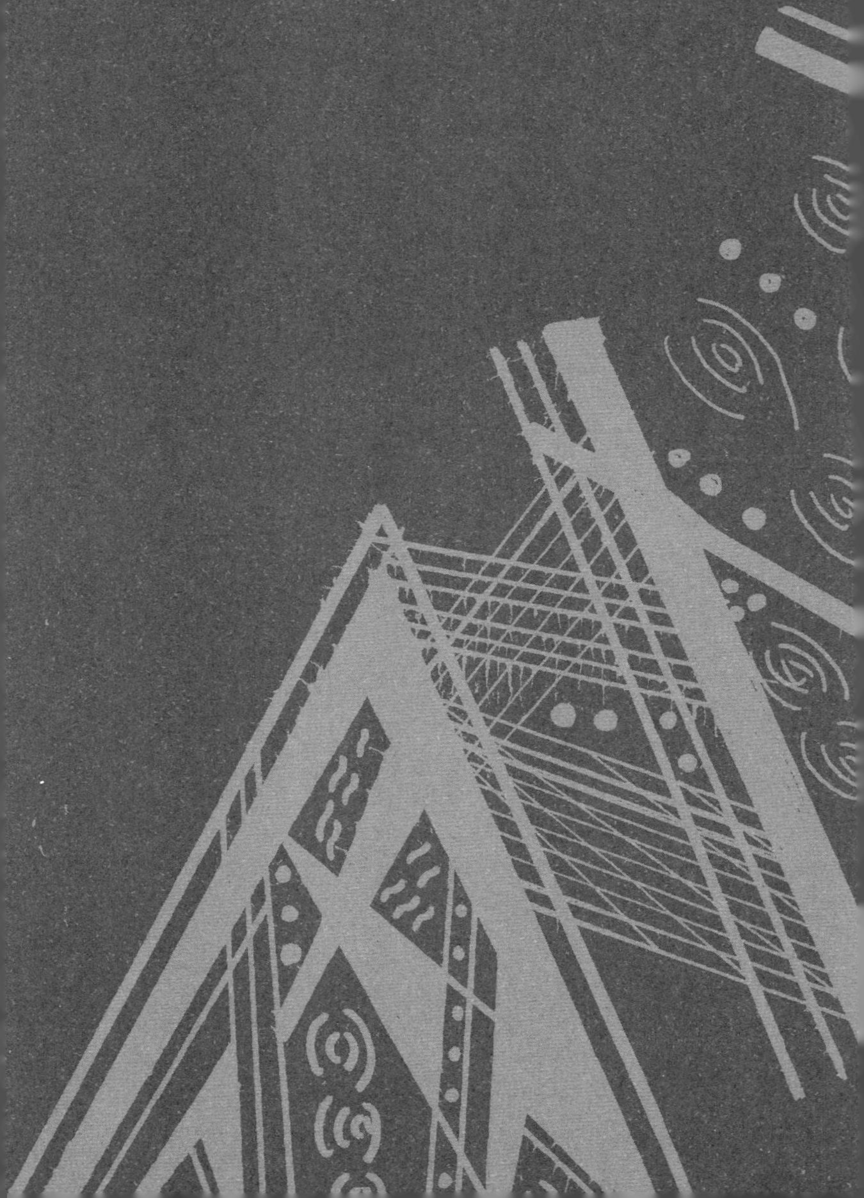

NA ALDEIA E NA CIDADE

Legados e saberes em todos os territórios

Mulher, fonte de sabedoria, guardiã dos segredos e magias que faz brotar a singeleza do amor. Mulher, filha de Iara, deusa das águas, geradora da vida. Dona de um olhar que vê longe, com ensinamentos que fortalecem a memória pelo valor que tem as narrativas que fazem da cultura o tesouro pelo qual lutamos e cultivamos, pensando nas futuras gerações e contribuindo para a territorialidade, na aldeia ou na cidade.

Para a mulher indígena, viver é um ato diário de luta com estratégias de resistência; somos desbravadoras de um novo tempo. Vivemos na aldeia e também na cidade, aprendemos a caminhar nos dois universos, porque compreendemos que o Brasil é terra indígena e, com o aumento demográfico das grandes cidades, nossas aldeias são tragadas para dentro de bairros populosos de muitas capitais, como é o caso de Manaus, onde temos aldeias em bairros como Cidade de Deus, a exemplo do povo Tikuna. No bairro Tarumã, temos o Parque das Tribos, uma aldeia em contexto urbano onde vivem 35 povos. Temos também a aldeia do povo Sateré, que faz limite com o bairro Redenção, o Conjunto Santos Dumont e Hileia. Bastam esses exemplos para vermos a presença indígena em Manaus. Em várias outras capitais, como São Paulo, Rio de Janeiro, Belém, entre outras, povos indígenas moram em bairros. Entre outras necessidades, essas aldeias precisam de saneamento básico, com atendimento específico voltado para a forma de territorialidade vivida por esses povos.

Viver na cidade não tira de nós nossa afirmação de povo originário, porque está pulsante em nossas veias a ancestralidade, que precisa ser fortalecida com a união de todos os povos, sem distinção. É nesse momento que se faz necessária a organização em movimentos; juntos e organizados podemos seguir lutando por políticas públicas essenciais à resistência de todos. Não existe "mais índio" ou "menos índio" – todos somos necessários na luta.

O padre Samuel Fritz, em seu diário, fala da rivalidade existente entre o povo Tikuna e o povo Omágua/Kambeba. Mais adiante, relata a união desses povos com dois outros, Jurimagua e Aisuares, para resistir em seus territórios. Entre nós não pode haver adversários, porque hoje somos minoria. Precisamos somar as águas e as remadas, abraçar quem chega com vontade de lutar e fortalecer nossos laços entre os parentes de contexto de aldeia e os de contexto urbano. Afinal, as cidades brasileiras, em sua maioria, foram fundadas em cima de aldeias inteiras. O que precisamos é ter cuidado na pisada, andar no passo da paca, suave, pisando macio para não estalar a folha, pois de todos os lados podem vir as surpresas. Saber caminhar é uma arte e uma dádiva. Minha avó dizia sempre para mim: "diga-me com quem andas e eu te direi quem tu és". Outra fala dela: "nunca esqueça de onde você veio para saber onde quer chegar". É uma máxima antiga e comum entre povos indígenas e não indígenas, mas importante para nossa reflexão como humano.

Nessa caminhada, buscamos estar na luta lado a lado com os homens. Não queremos estar nem na frente nem atrás, mas do lado, carregando o filho no colo, e com a outra mão segurando o maracá. Seguimos na luta, enfrentando as adversidades, indo a lugares onde nossas ancestrais não foram, como o Congresso Nacional, debatendo com as autoridades, pois vivemos a democracia e temos direito ao voto, somos eleitoras dentro e fora de nossas aldeias. Lutamos por direitos coletivos que contribuam com essas e outras gerações.

Desde o contato até nossos dias, 520 anos se passaram e ainda continuamos atravessadas por violências neste século 21. Morte, estupro, racismo, falta de políticas públicas que atendam nossas especificidades de saúde, educação, moradia digna na aldeia e na cidade, segurança para os territórios que continuam sendo invadidos, povos expulsos de suas aldeias, morte por arma de fogo e arma branca. Racismo e preconceito não deixaram de existir e estão nas falas de muitos, no olhar de quem ainda não entendeu que a terra tem alma, sente e sangra como uma mulher indígena que é violentada não só no corpo como também na alma.

No século 21, as mulheres indígenas abraçaram grandes desafios, desbravando novos territórios, sendo exemplo de determinação para outras mulheres, fortalecendo os ecos de ancestralidade, de memória. Temos ocupado muitos espaços, como o da política, na busca por nossos direitos, mas também vejo mulheres ocupando as várias linguagens das artes sem perder a identidade, a ternura e a certeza de que carregam uma cultura diferenciada de quem vive na cidade, uma cultura que propõe formas de entendimento de mundos, territorialidades e partilha de saberes, e proporciona um olhar acolhedor, de união, de cooperação, para poder viver e lutar tendo na ponta da flecha o respeito, com empatia e amorosidade.

Na aldeia, as reuniões acontecem em roda na casa de encontro, em salas de aula, ou na casa específica para as reuniões das mulheres. Duas situações vividas marcaram minha caminhada e ficaram registradas na memória. A primeira foi um convite que recebi de Luana Kumaruara, liderança do povo Kumaruara.

A parenta me convidou para ministrar uma oficina de música e instrumentos indígenas na aldeia Solimões de seu povo. Na ocasião, estava acontecendo uma assembleia de mulheres indígenas do Baixo Tapajós. Uma equipe de homens nos acompanhou para fazer nossas refeições. Eles padronizaram uma camisa com o nome do encontro e levavam nosso lanche aos grupos formados para debater as políticas específicas para as mulheres indígenas. E não havia curiosidade da parte dos homens de ir lá saber o que estávamos falando. Havia um profundo respeito, solidariedade e união.

Presenciei o mesmo respeito na aldeia do povo Pataxó, na Bahia. Cheguei à aldeia no momento em que as mulheres se reuniam para uma conversa. Fui apresentada a elas pelo cacique, já entrei na roda e começamos nossa cantoria. Essas reuniões são fundamentais para o entrosamento do povo, para falar das dificuldades sentidas, partilhar o dia vivido, expor ideias para o andamento das ações. As reuniões também acontecem motivadas pelas narrativas a serem contadas e recontadas pelas anciãs e pajés, que oferecem conselhos e orientações na caminhada.

As anciãs são detentoras de saberes profundos, memórias necessárias para fortalecer a luta das mais jovens, a ancestralidade, protegendo cada palmo da estrada, iluminando as mentes, porque precisamos estar atentas e não nos distrair para não perder a visão. Afinal, ninguém jamais prometeu que nossa caminhada seria fácil e que nossas funções como mulher indígena seriam limitadas aos cuidados com o lar. Na aldeia, a atenção está em todo lugar, nos filhos em casa, na roça e nas articulações para resistir e sobreviver na cidade, estudando na Universidade, na busca pela união de pontes e na manutenção da língua materna.

Viver na cidade, para muitas mulheres indígenas, é desafiador, pois exige conviver com o machismo, o sexismo e a sexualização de nossos corpos.

Diante de tantas ferramentas de resistência, a literatura tornou-se parceira de nossos ecos e nos ajuda a fazer mudanças que começam nas escolas e universidades.

Ser mulher-rio é ter a força das águas correndo em nós, energizando nossas mentes e nos conectando com os encantados e encantadas. É acreditar que, como filhas de Iara, precisamos ser conhecedoras das dores da natureza, protetoras dos rios, furos e igarapés, mulheres que remam suas canoas, canoas que levam ensinamentos, com identidades diversas, de resistência, troncos fortes deslizando e desviando das incertezas e dificuldades que a vida nos apresenta. O remo e a canoa são importantes na cultura dos povos indígenas. As mulheres usam o remo e a canoa para buscar alimento, se deslocar de um lugar a outro pelo rio, são pescadoras, remadoras, deslizam nas águas da memória, da educação e da história.

É preciso treinar o olhar para não nos assustarmos com as armadilhas que a cidade nos faz ver e viver. Fortalecidas por esses encantes e encantos que trazemos em nós, seguimos firmes, pedindo sempre a permissão para saber o que dizer, para quem dizer e como dizer em cada espaço que se abre. Não se trata apenas de dar voz aos povos; somos a soma de todas as vozes que se unem. Os ecos de todas as vozes podem acordar o mundo, mesmo que sejamos uma única pessoa em determinado lugar. Levamos uma nação junto de forma que nunca estamos sozinhas, porque compreendemos que compomos um corpo e estamos cooperando juntas para um bem comum na uka tana (nossa casa). Cada eco feminino carrega um sagrado, uma ancestral, narrativas, sussurros de resistência, identidade.

Cada vez que uma anciã fala de suas memórias e resistências, nossa identidade espiritual se fortalece com ensinamentos e saberes de que necessitamos para continuar o legado que nos foi deixado por tantas mulheres que viveram antes de nós e que são tidas como nossas ancestrais. Com elas, aprendemos a utilizar as ervas medicinais para a cura diária do corpo e do espírito, a cultivar a roça respeitando o ciclo da lua, que é feminina e interfere na forma de plantar e colher. Somos mulheres indígenas de um novo tempo, mas com as marcas de uma história cheia de estratégias de resistência que precisamos manter.

Oralidade

Sente, minha velha
Conte suas narrativas
O passado fortalece o presente
No rasto marcas de vivências
Na escrita atenciosa estão sinais
De nossa existência

Conte, minha velha
Tua luta para sobreviver
Caminho do nosso povo
Através dos teus olhos se pode ver
O medo, segredo
Que a história não registrou
E quieta quis esconder

Repita, minha velha
Quantas vezes quiser
Narrativas escritas na alma
São ecos de mulher

Que atravessaram gerações
E eternizadas em nosso ser
Viram poesias, contos, canções
Valorizando a memórias das anciãs.

Mulher indígena e resistência

Vivi um tempo bom
Sem preconceito, do meu jeito
Nesse tempo não tinha a bala da opressão,
Minha nudez não causava vergonha
Tinha paz no meu lugar
O meu ser feminino
Sabia lutar e apaziguar

A natureza era respeitada
Em mim se fazia morada
Todos os espíritos de proteção
Não se falava em espada
E nada se sabia
Sobre a cruz da evangelização

O feminino sagrado do meu corpo/território
Nunca havia sentido a dor da violação
No ritual se pedia providência
Para a mulher ter boa gestação

Mas veio um período de dor
Conheci o invasor
E a violência da colonização
Tirou a paz do meu povo
Buscavam por um mundo novo
Nos deram doença e crueldade
E hoje, para resistir, preciso criar raiz
Na aldeia e na cidade.

Mulher indígena em movimento

Serena cunhã
Teu corpo é um rio
De identidade e resistência
Filha de Nhanderú,
Brilho e força do amanhã.

Caminha na mata
Passos miúdos vão contar
Uma história de resistência
De fugas ao luar
Com filhos pequenos
O medo te faz silenciar.

Na canoa a remada
A um porto seguro
Um tapiri na chegada
Não tem medo do futuro
O presente se faz agora
O amanhã é imaturo.

O dia vem raiando
Já começa a trabalhar
As crianças vão para a escola
É preciso estudar
Aprender o ABC
Para a aldeia ajudar.

Ser mulher indígena
Num tempo de terror
É ecoar por todos os espaços
Esse grito de pavor
Salve nosso planeta!
Nosso clima tem valor
Quero a floresta viva
Um enlace de amor.

Sinto a alma da mãe terra
Cortada em fatias finas feito pão
Estamos em guerra
A mulher indígena jorra sangue
Mas não se trata de menstruação
É sangue de parenta/irmã
Que tombou como árvore
Pela bala da destruição.

E nessa dor a ancestralidade
Molha o ventre de quem nos pariu
A mãe d'água que já não canta
Por tanta poluição quase sucumbiu
Foi presa pela barragem
Manchada por mercúrio de garimpagem
De nosso rio o peixe sumiu.

É para ecoar sem hesitar
Queremos "demarcação já!"
Somos o tronco de uma árvore
Da samaúma a altivez
Do urucum o vermelho
E o meu rosto carrega a cor
Somos guerreiras
Nossos corpos são múltiplos e plurais
Legado de povo, somos gentes reais.

Estamos na aldeia e na cidade
Nossa cara não se desfaz
Temos a memória de uma nação
E a identidade de nossos pais.

Riozeira

Quer saber quem eu sou?
Chega mais perto pra conversar
Sou eu que aceno com a mão
Quando vejo um navio a passar.

Sentada lavando roupa
Ou nadando para espantar o calor
Sou filha das águas e barrancas
E o rio como pai me criou.

Beiradeira ou ribeirinha
Sou a miscigenação na cor do amor
De pele negra, amarela ou clara
Minha cor se compara
Com a terra onde tudo começou

Pelo sustento sou lutadora
Faço roça, sou pescadora
Mãe, menina, sustento meu lar
Isso eu herdei do meu povo
Que em mim pulsa sem parar

Meu carro é minha canoa
Essa manobro numa boa
A vida aqui é na lida
Sou canoeira, sou mulher
E, como filha de rio, sou *riozeira*.

No braço do rio

Menina da beira
Teu rosto clareia o luar
No braço do rio
Olhando o navio a passar.

É tempo de cheia
Pra perto da beira vem sentar
De pele morena, escuta, pequena
O rio quer te banhar, te tocar.

A vida não passa
O rio corre manso sem parar
Tem cheiro de flor
Tem gosto de amor
Se enfeita só para esperar.

Não tem hora marcada
Para esse encontro começar
Despida de medo e cheia de encanto
Nas águas deitou para sonhar.

Mergulha serena
Tão bela essa cena
O rio quer te abraçar
Te ninar e te namorar
O agito das águas é o sinal do amor
Que num forte banzeiro
Tua boca beijou e se apaixonou.

Sonho de Nhonory

No sonho de Nhonory
Emerge das águas do igarapé
A flor que por Tupã se fez mulher
Majestosa filha de Amiracy.

Salve! O teu belo cocar
Na tua roupa tem energia
Que a natureza teceu para ofertar.

Nas sementes o conhecimento
A pele se assemelha com a cor do colar
Nas penas o colorido
Que a passada soltou para embelezar.

Seus olhos hipnotizam
Seus lábios refletem o sabor
Nas curvas de sua beleza
Nhonory nesse rio mergulhou.

Na tua nudez a pureza do ser
Que vem da alma e é santa ao tocar
No desejo de ter e não ter
O que é o amor se só te tenho no sonhar?

Saisú
Amar

Saisú, auy usutá, saisú.
Kunhã puranga da aldeia
Flor mais bela vem me amar
Nessas barrancas, nesse solo
Nesse rio, nesse mar.

Kunhã moça bonita
Vem cá, vem cá
Espera que estou chegando
Na beira do mar.

Kunhã moça donzela
Tens o brilho do luar
Sou filha de Amanacy
Sou de Belém do Pará.

Kunhã a tua dança
Tem poder de enfeitiçar
Afirmo minha dança
Sou dona desse lugar.

Kunhã puranga bela
Tens pureza nesse olhar
Sou presente, sou futuro
Na cidade eu vou ficar.

Putyra lunar
Flor da lua

Flor que encanta e atrai os olhares
Tuas vestes verde e cor-de-rosa
Encantou de amores a cunhã mais formosa.

Nayá a mais bela da aldeia
Estrela quis se transformar
Encantada pelo brilho de Yaci,
Seu reflexo quis pegar.

Mal sabia a bela cunhã
Que na água seu corpo ia ficar
Deixando um cheiro de tristeza no ar
Majestosa, desenhada por Tupã.

Mas Yaci com pena dela
Em uma flor iria transformar
A bela moça donzela
Que como estrela queria brilhar.

Nayá tornou-se a estrela das águas
Em sua folha todos querem tocar
Pra sentir a textura de sua pele
Pra sentir a beleza de seu olhar.

Encantada pela lua
Continua andando nua
Desfilando a luz do luar
Vitória-régia, putyra lunar.

Encanto

Quando chega a noite
E a lua aparece para me tocar
Deixo de ser flor
E mulher volto a me tornar.

Na aldeia sigo nua
Acompanhada pela lua
Um amor quero encontrar.

Meio flor, meio mulher
Venha de onde vier
Um alguém para amar
Meu corpo aquecer
E minha boca beijar.

Na força do encanto
Contemplo minha imagem
Que a água transformou
Em flor, em cor, miragem.

Uma flor sempre serei
Um ornamento me tornei
Em reservas e igarapés
Mas o amor que te dei
Só comigo encontrarás.

Desencanto

O amor lançou um encanto
Mas a metamorfose começa a passar
A indígena se recolhe no seu canto
E como flor reaparece para embelezar

No verde está a esperança de lutar
Naya é mais que flor
Anda na terra e no rio
O homem que a vê é tomado de amor
Pela beleza que representa o Brasil.

Mas como feitiço se apaixonou
E na terra ela quis ficar
Viu no homem a ganância transbordar
Desencantada para água quis voltar.

Seu ser mulher sempre buscará
Um beijo, um abraço
Alguém para sonhar
Sendo flor é também mulher
Que se encanta
E desencanta para amar.

Pitani urucum
Vermelho urucum

May-sangara tuiúca
Kumyssa supi iriua
Rura aiua usutá jeneúma
Auy itica may-tini gamunu
Umai tiua jeneúma, pytani urucum.

Auy maquimaxapa supi ysuí taxira saxipa.
Ianucatai tana cultura imimiua,
Iquiati pua supi aicaca muki aua.
Uacatai tana tuquini, tuquini, sany iquiriari.

A alma da terra falou pra voltar,
Trago a flecha, vou correr,
Já lancei, homem branco expulsei,
Vi sangue jorrar, vermelho urucum.

Vou mergulhar pra lavar minha dor.
Mostrar nossa cultura ancestral,
Segurando as mãos pra lutar com a nação.
Trançando nossa rede. Vem sonho.

Mãe d'água

Dona das águas, encantadora
De pele morena, sedutora
No seu canto de amor
Seduz o indígena pescador

Prisioneira das águas
Por um feitiço que a ela foi lançado
Se fica triste, o lago seca
Furiosa, deixa tudo alagado

Prende quem nela se vê
E o indígena sabe por quê
Não pode na água se olhar
Para dela prisioneiro não se tornar

Metade peixe, metade mulher
Morena que sabe o que quer
Um canto de amor espalhar
Nas ondas do rio
No compasso do mar

Mãe d'água, Iara ou sereia
O sangue indígena corre na tua veia
E, na luta, com a mãe terra vai colaborar
A vida tecer, feito rede, feito teia

Uma vem da terra e a outra do rio
Unidas nos ajudam no plantio
Suas narrativas nos fazem compreender
Que na vida um depende do outro pra viver

A força da mulher indígena

Dona das feras
Encantadora do rio
Aprendeu com as águas
A olhar para frente
Superando desafios.

Caminho que a aldeia ensinou
Na vivência o aprendizado
Sabe ser liderança
Faz a luta com cuidado
Na pisada a confiança.

Na cidade sua voz é ouvida
Nas tribunas e nos jornais
Articula e busca direitos
Pela vida dos seus e dos animais.

Entende a força do sagrado
A ciência vem do fumo tragado
Na casca do tawari é enrolado
Permissão aos seres encantados
Já chegou a pajé para dar seu recado.

No cuidado com os filhos
É doutora e sabe ensinar
Observa de longe o menino

Com as águas conversar
Tem a leveza de uma ave e o olhar felino
No cuidado com o outro
É conselheira e sabe orientar.

A mulher indígena é natureza
Filha de um grande trovão
É flecha que dispara serena
Eco que leva cultura, educação.

Ela está em todos os espaços
A Universidade tem que buscar essa interação
Ouvir os saberes dessas guerreiras
Para haver entendimento
De mundos, cooperação.

Chegamos no ano 2023
Lutando contra a devastação
As mulheres se articulam em marcha
Formando teias, redes, segurando as mãos
Enfrentam balas de efeito moral
Contra PLs e outras violações
O gás cai nos olhos
Mas a dor dilacera os corações.

A força está nas ações
Que buscam fortalecer a coletividade
Não há luta que resista
Sem a energia
E bênção da ancestralidade.

É preciso sentir a identidade
Para entender que liderança
Precisa ter amorosidade
Ver todos com olhar de igualdade
Porque a violência fere todas as nações
E a resistência precisa ter continuidade.

A força da mulher indígena
Vem de gerações
E se traduz na atualidade
Como raiz de samaumeira
Se espalha na aldeia e na cidade.

Mulher Kambeba

Sentir o vento da chuva
Apressado para molhar
A terra e o verde que habita
Em nós, na aldeia, meu lar.

Assim eu vejo a mulher
Omágua/Kambeba lutar
Por direitos e respeito
Que o "branco" quer nos tirar.

Tem hora que é calmaria
Seu ser Omágua vai falar
Sou tronco de um velho cedro
De mim a vida vai brotar.

Regada de saberes e esperanças
As aldeias precisam de proteção e paz
A natureza de descanso e vigor
O mundo de união, respeito e amor.

Cacica e tuxaua para nós se chama Zana
Feminina no seu mais profundo ser
Sabe fazer alianças,
Estratégias para sobreviver.

Caminha sentindo a esperança
Nos olhos do curumim
Que vive a inocente infância
História que não tem fim.

Continua, menina, não para
A remada que vem e que vai
Cidade/aldeia é território
Tem alma de mulher
A força de ti não sai.

Lidera com estratégia
Paciência na comunicação
Delicadeza na forma escutar
Alegria no coração
E a certeza de renovação.

Identidade Kambeba
É fogo que aquece o coração
É luta, acolhimento, dedicação
Pertencimento, respeito, orientação
E na dúvida do que fazer
Terá sempre um ancião
Para aconselhar, orientar
Chamar atenção.

Cheiro
de cunhã

Ela tem cheiro de barranca
De lama na beira do rio
Da flor desabrochando na lua nova
Da fumaça de peixe assado na manhã

Exala o cheiro da mãe da mata
De borboletas, onça felina
De mulher que ainda menina
Sabe ter responsabilidade
Pelo seu território, sua mocidade

Ela tem cheiro de sol
Na pele pintada de urucum
Jenipapo, grafias de uma vida
Sabedorias da anciã

Cresce a menina sob os cuidados do rio
Aprendendo a ouvir mais que falar
Registra seu zelo e ensino
Tão belas lições não se podem recusar

O rio que corre em mim
Desce cachoeiras
Sem perder a serenidade
Não se distancie do rio
E nem o trate com invisibilidade
Deixa correr livre de entraves
Não aprisione e nem tire a liberdade
Rio de afeto, paz, unidade

Perfume de natureza

Que bela e sábia menina
Que faz nosso dia mais doce
Gargalhada de esperança e luz
Vozes que cantam louvores.

Das mãos o perfume da manhã
Aroma que a pele faz sentir
Desnuda na sua essência
Oh, flor!
Quem teria a coragem de te ferir?

Borboletas amarelas
Se comunicam pelo néctar do amor
São seres de profunda grandeza
E trazem ao mundo mais cor.

Voam e dançam nesse chão
Rodopiam na imensidão
Registro de um encontro de união
Perfume da natureza em transformação
Filha da deusa que Nhanderu criou
E nos deu a missão de ser dela defensor.

Encanto do Marajó

Eu sou da ilha,
Sou a força da nação,
Trago a cor do meu lugar,
Sou a cultura popular.

Trago o abraço do rio
O barco nos braços levei,
As ondas brancas tão só,
Me falam do Marajó.

Vem pra Salva Terra
Ver a morena dançar,
Em Soure tem carimbó
É só seguir o Guamá.

Sente a força do tambor,
Deixa a cultura soar,
Já tem caldinho de turu
Pra não deixar fraquejar.

Marajó, eu sou Marajó
Eu vejo a praia daqui
Tem uma Iara encantada
Na Cachoeira do Arari.

Terra

Sua bênção, mãe terra
Sublime teu amor materno
No manto onde cresce a grama
E embeleza o olhar

Te vejo gestar vidas
Povos de várias nações
E mesmo sendo abusada
Não nos deixa faltar o pão

Terra, minha deusa
Fatiada pela mineração
Cortada pelas fronteiras
Queimada pela fogueira
Da ganância capitalista
Egocentrismo e ambição

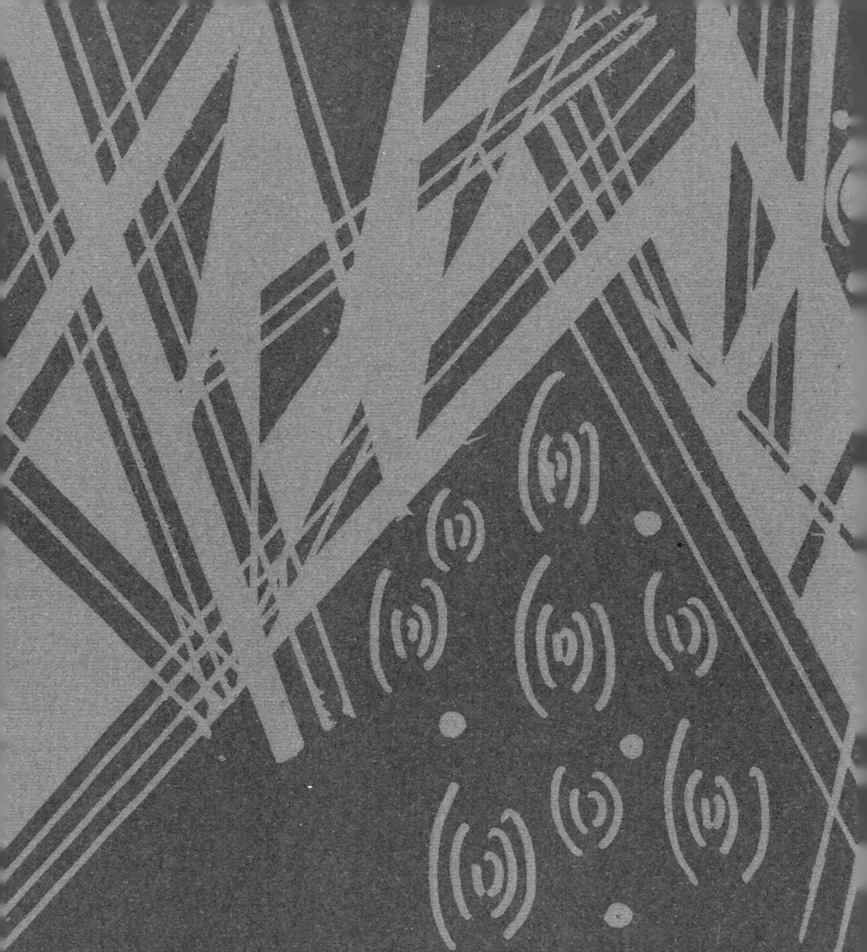

TERRA TEKOHA

Uka tana e os ecos do lar

A terra é uma grande uka tana (nossa casa) onde vivemos, convivemos, construímos e reconstruímos nossas formas de territorialidades. Somos responsáveis por tudo o que vive e está ao nosso redor. Construímos família como todos os animais existentes na natureza, mas com a diferença de sermos racionais. A casa de madeira, alvenaria e barro tem ecos, sons, vozes, cheiros e sabores. Lembranças que se misturam com sentimentos dos mais diversos. É o ponto de referência; nela se aprende, vive, se faz união ou desunião. Todos precisam de um lar para viver e reviver momentos de alegria, amor e dor.

Na cultura indígena, a casa tem valor sagrado desde a construção. Da natureza vem a palha; a madeira, a árvore nos fornece. É na casa que os pais reúnem os filhos para transmitir saberes pela oralidade. A cozinha é o lugar mais importante de socialização e acolhida. Na aldeia do povo Wai Wai, por exemplo, as casas são construídas bem altas, abaixo fica o fogão a lenha sempre aceso. E nessa área de chão batido são enterrados os entes queridos. Na aldeia desse povo, o cemitério é na própria casa; assim, o espírito e a força de quem faleceu sempre ficará com os que nela residem.

Para os indígenas, a mata é a casa onde eles se abrigam e buscam alimento, lhes proporciona navegar em seus rios e se alimentar de seus peixes. Voltar à aldeia é o mesmo que voltar para o lar que sempre foi a morada principal. A sensação é de bem-estar, liberdade, contato com o cantar dos pássaros. O barulho da chuva na cobertura de palha soa como cantigas de ninar. Na cidade, isso se perde com a correria do dia a dia, os grandes prédios tiram a liberdade de ver a lua sair e o sol se pôr. Na aldeia, é possível ver todos os dias das ribanceiras a beleza da lua, das constelações, se guiar por elas, cedo do dia ver o sol nascer, sentar num banco e conversar tendo por iluminação apenas o brilho do luar e sem tempo certo para terminar.

1. Desterritorialização: da aldeia para a cidade
Minha memória de casa/lar começa ainda criança, na aldeia em que nasci, chamada Belém do Solimões, do povo Tikuna, no Amazonas. Fui criada por minha avó Assunta, a qual sempre chamei de mãe e a quem devo toda referência de minha formação de caráter e pessoa, o respeito à espiritualidade e ao sagrado do outro. Ela era mulher de luta, conhecedora das ervas medicinais. Em casa era ela quem ditava as regras e dava as ordens, não esperava que lhe pedissem um favor; o fazia antes de ser solicitada. Foi uma das primeiras professoras a chegar na aldeia Belém do Solimões do povo Tikuna para lecionar. Só tinha a 4ª série primária, mas o suficiente para alfabetizar os Tikuna na aldeia.

Remexendo na minha memória, volto no tempo para o ano de 1987. Nesse período, as casas eram feitas de madeira e palha. Lembro de morar em uma casa com um quintal cheio de árvores, galinhas, cachorros e patos. Um belo jardim de flores e rosas dava uma beleza singular à nossa singela casa. Na aldeia não existia asfalto, nem energia, e se podia andar sentindo o cheiro de fumaça que vinha das casas de outros indígenas que preparavam sempre um peixe para deixar assando. A aldeia toda cheirava assim, cheiro de peixe assado, que lembra a minha infância e me transporta para aquela aldeia de 1987. O fogo não podia apagar: além de assar o alimento, era mantido para afugentar insetos. Sua fumaça também espanta maus espíritos, diziam os mais velhos.

Pela manhã, com o sol ainda tímido, meu pai ia para a beira do rio e ali ficávamos conversando com outros guerreiros até que seus raios aparecessem totalmente e se pudesse sentir o calor junto com o cheiro de peixe que anunciava que o café estava na mesa. Ouvir o rio, ver o sol nascer das ribanceiras, era um ritual que fazíamos todas as manhãs, talvez a prece ou a conversa mais sincera do homem com a natureza. O rio tinha a missão de nos ensinar, curar e cuidar. À tardinha, era hora de ir para a casa de um ancião ouvir narrativas sobre os seres encantados da floresta ou sobre a luta do povo para se livrar dos seus opressores. Sentávamo-nos ao redor do ancião, curiosos para saber o que ele tinha para dizer. Com as crianças era possível brincar de roda, correr descalço, sentir o frio da terra nos pés e aprender a valorizar a aldeia. Homens, mulheres e crianças tinham o costume de abraçar e de andar abraçados, fortalecendo os laços de ser parente. As lideranças eram respeitadas, sua decisão nunca se dava de maneira isolada, sempre era tomada em comunhão com todos da aldeia em reunião. Criança não compreendia muito as coisas a serem decididas, mas observava a forma de agir das lideranças e principalmente a presença das mulheres. A voz da minha avó era por todos ouvida e respeitada.

Dentro de casa, aprendíamos as boas maneiras. Lembro que ela me fazia repetir sempre frases de agradecimento e de boas-vindas para receber os visitantes vindos de fora ou de outro país. Foi com minha avó que aprendi a gostar de poesia e a compor músicas. Ainda menina, recitava os poemas que ela fazia para os turistas na aldeia. Seus poemas retratavam a vivência dos povos indígenas. Fazíamos as refeições, que eram comidas sempre juntos, sentados no chão em cima da folha da bananeira, ou à mesa, comendo de garfo e faca.

Fomos obrigados a mudar da aldeia para a cidade por motivo de doença. Nossa casa foi desmanchada, meu pai embarcou tudo num navio e assim chegamos à cidade mais próxima, São Paulo de Olivença. Construímos a casa novamente e assim começava uma nova vida, uma nova relação de aprendizado, nos adaptando a um novo território, criando novas territorialidades, vivendo outras identidades, cultura. Foi uma adaptação difícil, tudo era novo.

Ainda menina, sem saber muito, conheci a dor do preconceito, mas entendi que haveria um jeito de resistir. Ouvi muito frases como: "sai daqui que você fede a 'índio'", "cuidado! ela vai morder". Dificilmente eu entrava nas brincadeiras, olhava sempre da janela da sala as crianças da minha idade brincando na rua. Com o tempo fui me achegando e ganhando espaço. Aprendi que as lutas são necessárias, então me segurei na Educação e com ela comecei a caminhar; a escola tornou-se minha segunda casa. Sentia uma motivação imensa em ir para a escola, caprichava na letra; minha avó dizia que tinha que ser a melhor letra. E caprichava também na leitura. A primeira violência que senti e vivi estando na cidade foi deixar de falar a língua do povo Tikuna. Minha avó dizia que era sofrimento demais, ela temia que eu sofresse emocionalmente com as críticas que viriam das pessoas ao meu redor. Então, ela foi deixando de exercitar comigo e eu fui esquecendo gradativamente, ao passo que ia aprendendo bem o português. Mais tarde, já no doutorado, aprendi que esse processo se chama "o governo da língua" – quando uma língua se impõe sobre a outra e mata a primeira. Cresci sabendo que era preciso refazer o caminho. A aldeia sempre levei comigo em minhas lembranças. Do meu primeiro lar restou a nostalgia.

Nas casas em que morei, tanto na aldeia como em São Paulo de Olivença, ouvi ecos dos mais diversos. Ecos de narrativas vindas de meus avós maternos, de minha avó Assunta. Ouvi relatos de vida, sofrimentos, preconceitos sentidos, ecos que vinham de pessoas que lá chegavam todos os dias para pedir conselhos, pois tinham em minha avó uma pajé. Nossa casa funcionava como um abrigo para indígenas que vinham da aldeia para a cidade estudar ou buscar resolver assuntos de saúde ou referentes ao território. Vinha um grande número de pessoas. Em casa chegavam, faziam refeições e, quando achavam que deveriam ir embora, seguiam como pássaros que, ao pousar em um galho, ficam um tempo e levantam voo. Via pelos olhos de minha avó a lição de servir.

Uma narrativa contada por minha avó marcou minha existência. Ela queria ser freira, viveu em convento muitos anos, mas nunca chegou a se ordenar. Sempre viveu como empregada, cuidando das internas, dizia. Foi um padre que pediu para ela sair, disse que seria mais útil servindo fora do que no convento. E revelou a minha avó que ela nunca seria freira porque não era "branca". Assim, ela deixou seu sonho e foi viver na aldeia, dando aula.

Cresci e decidi que queria experimentar a vida religiosa. Conheci o convento das Irmãs Missionárias Capuchinhas, em Manaus, e lá fiz moradia. A casa me espantava de tão grande, três andares, camas boas, mesa enorme, muita gente, fartura, tudo era para mim interessante e divertido. Tinha regras, orações, trabalhos domésticos e sociais. Continuei estudando. O convento tornou-se meu lar. Mas minha avó, acometida de derrame, foi o motivo de eu deixar a vida religiosa e voltar para São Paulo de Olivença para dela cuidar. Retornei à minha casa de madeira tão gostosa, que ecoava risos de infância, quintal imenso cheio de árvores, vida simples. Cuidei de minha avó, éramos apenas nós duas. Ela cadeirante, mas sem perder seu jeito forte de ser. Sempre me dizia que eu ia crescer e contribuir com a luta dos povos indígenas, que ia ser uma doutora. Mas um de seus pedidos foi que não esquecesse minha aldeia e minhas origens.

Após sua morte, em 2002, a casa na cidade ficou vazia e me senti pela primeira vez sozinha, sem saber o que fazer, perdida. Havia ingressado na graduação em Geografia e fui cursar em Tabatinga, município de fronteira no Alto Solimões. Lá me casei e comecei a viver uma nova vida. O lar sempre foi um lugar de aconchego, minha aldeia, com artefatos, como cocar, minhas tiaras de penas, arco e flecha, cerâmicas encontradas em lugares sagrados tidos como sítios arqueológicos e outros elementos típicos da cultura indígena, entremeados a uma estante de livros acadêmicos.

Minha avó tinha uma tática para me fazer estudar e tirar sempre boas notas. Me prometia uma bicicleta, entrava ano, saía ano, e eu não ganhava. Ficava para o ano seguinte, se tirasse a melhor nota e passasse para a outra série. Fui para o ensino médio, me formei, ela faleceu e não ganhei a bicicleta. Na graduação, continuava ouvindo-a me dizer: se passar com boas notas, ganha a bicicleta. Fui uma das melhores alunas da sala, me formei em Geografia e a bicicleta já não fazia falta, porque entendi que o tempo todo pedalei mesmo sem perceber, pois ela se referia à "bicicleta do saber" – e essa sempre esteve comigo.

Tudo isso faz parte de um sagrado, de um eco cultural que carrego em minha casa espiritual, em minha identidade, e transponho para meu território físico, meu lar. O cheiro de fumaça de cachimbo sentido por mim vindo de minha avó, que fumava embalando em uma rede feita de tucum, hoje me faz companhia nas horas em que estou sozinha em minha residência, precisando refletir ou me desfazer de energias ruins. Fumar cachimbo com tabaco preparado por pajés é uma forma de me sentir conectada à aldeia e limpar meu corpo de energias negativas.

Tantas vezes vi minha avó/mãe Assunta na aldeia nos aconselhar com um cachimbo na boca. A fumaça tinha cheiro de memória, de sabedoria, de cura física e espiritual. A relação com a ancestralidade e a casa como abrigo sagrado, aprendi a valorizar ainda pequena, na aldeia. As plantas no jardim não tinham só a função de beleza ou de paisagismo, também significavam proteção espiritual. Acredita-se que um dia as plantas foram espíritos e, por isso, são essenciais na cura. E, se um indígena precisa derrubar uma árvore, ele pede antes permissão aos espíritos protetores dela. Os Tikuna na aldeia relatavam que viam sempre uma "velhinha" sentada na porta de nossa casa e minha avó respondia que era o espírito das plantas nos protegendo.

2. Vozes silenciadas são vozes violentadas
A violência doméstica sempre existiu. Com o passar do tempo, tem se intensificado mais. O que dizer sobre o feminicídio e o abuso sexual de mulheres e crianças? E a violência contra idosos? Essa realidade se percebe em vários ambientes domésticos.

No lar, o que se ouve nem sempre são vozes de alegria. Violências são presentes nas famílias indígenas, atualmente movidas pelo uso constante de álcool e droga em algumas aldeias. Não estamos distantes dessa realidade, de modo particular as aldeias próximas às fronteiras. É importante dizer que a violência contra a mulher indígena está relacionada com a forma como o território é tratado.

Violentar a floresta, o território físico, é também violentar a mulher indígena na sua condição de povo. Nasci em um período em que na aldeia Belém do Solimões não se via tanta violência contra a mulher, mas, hoje, esse quadro mudou.

Lembro-me de poucas vezes ver meu pai adotivo chegar em casa bêbado. Quando isso acontecia, ele de longe já vinha pela rua escura da aldeia cantando: "Marina, morena, Marina, você se pintou". Ela dizia sorrindo: "seu pai está bêbado, vamos entrar e dormir?". Ele chegava, se deitava em uma rede no quarto e não havia briga. No outro dia, tudo recomeçava normalmente. Mas havia casos na aldeia em que a violência era movida pela bebida, e minha velha avó era uma dessas que ia na casa do indígena acudir a família. E me levava junto. Eu sempre estava com ela e ela sempre comigo.

Promover ambientes saudáveis deve ser compromisso de todos na aldeia, pois ela é uma grande uka (casa), nela todos temos responsabilidades de cuidar desse lar sagrado, preparado com todo carinho pelo povo. As mulheres estão sempre dialogando, seja no momento em que se reúnem para deliberar assuntos relacionados à territorialidade da mulher indígena na aldeia e na cidade, seja no momento de trabalho coletivo. Ao lavar roupa no rio, por exemplo, as rodas se formam e fortalecem o território da afetividade. Outro momento importante é quando chega a tardinha e sentam-se na porta de suas casas para "catar piolhos". Essa imagem ficou gravada em minha memória de menina nascida em aldeia. Andar na aldeia tinha uma singularidade e era justamente o carinho, a forma de conversar cochichando ao pé do ouvido enquanto a mãe catava piolhos.

O lar deve ser um ambiente sadio para que possamos ter mais momentos felizes que tristes, onde a criança possa crescer com bons exemplos a seguir. Meu exemplo de vida foi minha avó/mãe Assunta. O cuidado de meu pai adotivo, também indígena, com nossa família me faz ter orgulho do lar em que cresci. Provendo sempre o alimento, buscando dar conforto na casa que tínhamos na aldeia e depois na cidade, meu pai me criou com amor e carinho até os 9 anos, quando nos deixou e nunca mais voltou.

Ter um lar para mim sempre foi fundamental. Lugar de saberes, de aconchego, de amor, paz, mas também lugar de reflexões. Foi em casa que aprendi a valorizar minha identidade de ser indígena, a lutar por igualdade, humanidade e pelos direitos necessários à nossa sobrevivência como indígenas. Minha casa é meu ponto central. Sou indígena com um pé na aldeia e outro na cidade. Minha referência é a cidade, meu lar tem ecos de cidade, mas também ecos de aldeia.

3. Ecos literários que brotam do coração da natureza
A leitura e a escrita foram apresentadas aos indígenas por pessoas vindas de fora e que ensinavam uma nova forma de comunicação, uma língua nova. Antes tudo vinha da oralidade e da linguagem imagética, como desenhos feitos em rochas e grafismos que traduzem signos de comunicação entre os povos. Os indígenas sempre produziram literatura, mas seu registro não era feito no papel e, sim, na memória. O mesmo acontecia com as composições musicais, cantadas em rituais e festas que ecoavam pela aldeia e em nossas mentes.

Em casa, sempre escutei ecos literários vindos de uma voz feminina que transmitia força e resistência. Eram ecos de minha avó. Com ela aprendi a gostar de poesia ao ouvi-la recitar seus versos. Fazia músicas para, nas datas comemorativas, cantar com seus alunos. Assim, fui aprendendo a gostar da leitura e da poética. Percebia que na aldeia tudo tinha cheiro de poesia e minha avó/mãe Assunta, com sua escrita, traduzia isso.

Aos 14 anos, comecei a escrever meus primeiros poemas sob os olhares cuidadosos dela. A leitura era uma forma de viajar nos meus escritos. Sentia necessidade de escrever. Já me percebia escritora, mas achava que não tinha tanta capacidade para tal. Morando na cidade, produzia meus poemas e enchi dois cadernos, que me acompanhavam para onde ia. Mas um grave acidente me tirou todo o registro que tinha desses meus primeiros poemas. O barco no qual eu viajava, voltando da capital do Amazonas para o município de São Paulo de Olivença, pegou fogo às 2h30 da manhã e depois naufragou. Eu tinha 15 anos quando isso aconteceu. Mesmo com o barco em chamas, todos se salvaram. Muitos pularam no rio, outras pessoas, como eu, esperaram o barco encostar em um lugar seguro. Foi uma espera angustiante. Depois desse trágico acidente, parei de escrever por um tempo.

Foi com o mestrado que me veio a ideia e a vontade de retomar a escrita poética e transformei minha dissertação em literatura, em poesia. Me acidentei, fraturei a coluna e esse foi mais um motivo para começar a escrever. Consegui organizar alguns poemas enquanto estava acamada e, para publicar, não havia condições financeiras. Então, vendi a casa que tinha na cidade de São Paulo de Olivença, interior do Amazonas, e com o valor foi possível fazer a arte gráfica e a impressão do meu livro *Ay Kakyri Tama (Eu moro na cidade)*. Em 2013, lancei meu primeiro livro de forma independente. Fiz a divulgação mostrando-o às pessoas e doando praticamente todos os exemplares que paguei para a gráfica produzir.

Havia feito um ensaio fotográfico na aldeia Tururucari Uka, do povo Kambeba, onde realizei minha pesquisa de mestrado falando de cultura, identidade e território. Usei algumas dessas fotos na primeira versão do livro *Ay Kakyri Tama*. O livro foi pensado para falar da identidade, cultura, territorialidade do povo Omágua/Kambeba a partir de minha dissertação de mestrado pela Universidade Federal do Amazonas (UFAM). O que discuto é que eu moro na cidade apenas, não sou da cidade; meu lugar é minha aldeia memorial, identitária, sonhada e ancestral. Sempre ouvi das lideranças que as pesquisas pouco têm retornado à aldeia. Isso me fez ter a ideia de transformar a pesquisa em poemas e, finalmente, em livro. A aldeia teve retorno desse livro em suas duas edições, pois penso que, quando o trabalho é fruto de pesquisa, a aldeia ou a comunidade precisa ter o retorno e saber a procedência do material. Isso faz com que o trabalho ganhe confiança, sendo apresentado de forma transparente.

Em casa, hoje, a poesia e a música que componho continuam tendo os mesmos ecos de resistência e de luta que os de minha avó. Em cada canto, um poema ou música nascem como ferramentas de desconstrução de estereótipos e isso tem motivado meu filho a cantar minhas canções na língua tupi, tronco linguístico que falamos na aldeia do povo Kambeba. O som do maracá reverbera pela casa, deixando o ambiente mais calmo e cheio de boas energias. Na aldeia, todo dia se ouve o som dos maracás e o canto da floresta, porque a aldeia é o maior lar, nossa grande casa.

Transmitir saberes na cultura indígena é muito mais do que só ensinar: é ser resistência num tempo em que a vida dos povos ainda é ameaçada de extinção. Lembro de minha avó me ensinando o valor de cada erva e o preparo dos banhos curativos. A fazer, com pião branco, o rapé que cura sinusite e dor de cabeça. Ensinamentos que o banco de escola nunca foi capaz de me repassar, porque são saberes ancestrais e fazem parte do nosso território do sagrado, que estão em nossa cultura e que repassamos aos mais jovens.

Hoje, usamos a literatura e a arte para compartilhar e informar sobre nossa cultura, minimizando no outro o preconceito que ainda é patente. Uma arte que vem da cidade, mas que no corpo do indígena vira ferramenta de resistência. Fortalecer nos jovens e nas crianças indígenas o orgulho de ser nação, de vivenciar sua identidade e de ser continuidade. Assim, seguimos singrando esse rio de palavras, correndo manso e sem parar, porque somos a voz que ecoa do ventre da floresta.

A literatura sempre esteve em nós, contribuindo para a educação manifestada em forma de narrativas que se apresentavam de maneira simples, singular, resistente. Quando nos proibiram de falar a língua materna, o cochichar no ouvido foi a forma encontrada de manter as narrativas e sua transmissão. Ainda hoje é possível ver as mulheres falando baixinho, alguns homens também, de modo particular os mais idosos. Muitas vezes é preciso chegar bem perto para escutar o que está sendo dito. Na aldeia em que nasci, as mulheres sentavam em suas portas com as mais novas entre as pernas e iam catar piolho, ao mesmo tempo que falavam ao pé do ouvido, num ato de repasse de saberes, conselhos e outros valores humanos e sociais.

Os povos buscam um entrelace de mundos. Na partilha dos seus saberes, sagrado e memória fortalecem a identidade. As mulheres indígenas, atentas às mudanças que vêm acontecendo nesse mundo em construção, estrategicamente vão criando pontes e fazendo conexões por meio das redes digitais, que fortalecem a comunicação. Com elas, denunciam as violências que estão acontecendo em seus territórios em tempo real e buscam apoio para o desenvolvimento de projetos que contribuam com a manutenção de seu legado. É possível encontrar muitas mulheres indígenas usando as redes sociais para divulgar as ações feitas nas aldeias, desenvolvendo novas didáticas para ensinar as crianças e aprimorando as metodologias existentes.

Ensinar aproveitando o que a criança sabe e traz como ancora, fazer da brincadeira de roda uma forma de retransmitir saberes, aproveitar o canto dos pássaros que em bando chegam para participar da vivência na aldeia e tirar disso uma lição, começando por identificar cada pássaro pelo canto e tentar imitá-lo. Interromper a aula e deixar a criançada rir, brincar com a sonoridade dos pássaros. Rir do seu erro e refazer várias vezes o som até acertar não é perder tempo e sim aprender deixando a natureza ensinar através de uma pedagogia singular e diferente das encontradas no banco de universidade.

 Silenciar para escutar a natureza requer muito treino e vontade de querer aprender. Andar na mata sem fazer barulho, pisando manso para não estalar a folha, como fazem os animais, evitando chamar a atenção dos predadores. Muitas vezes o silêncio incomoda, mas foi necessário para que muitos povos resistissem à violência do colonizador. É preciso silêncio para que os ecos que brotam do interior da natureza possam ser escutados, os sons que estão acima da terra e debaixo dela. Assim caminham as mulheres indígenas filhas da terra, água e mata sabem tecer saberes e narrativas, entrelaçando as escritas que, unidas feito feixe, conseguem ecoar em espaços onde nossos pés anteriormente não tinham pisado. O espaço de escuta se amplia e outros possíveis são criados em um novo tempo.

Toda vez que um livro é lançado escrito por povos indígenas, uma ponte é criada e convida para um interligar de mundos. Ler literatura indígena é aprender a olhar o mundo em que vivemos com uma visão mais humana, simples, solidária, compreendendo o bem viver e sua importância para vivermos no planeta terra em equilíbrio com tudo o que vive e nos circunda.

A luta pela terra é a luta pela vida. A terra tem alma feminina e nos sustenta. É uma anciã que, por tanto sofrimento, criou uma corcunda onde segura toda impureza que nela depositamos e isso se traduz em uma grande violência cometida por nós, seres que dependemos do bem-estar da natureza para continuar vivendo como espécie humana.

Ecos no lar

O dia raiando, lamparina acesa
Café bem quentinho em cima da mesa
Pupunha no prato, purezinho de macaxeira
Delícias da aldeia, na folha da bananeira.

Da cozinha de palha
Vem o cheiro de fumaça
Anunciando de longe que um novo dia raiou
Na brasa, o peixe para comer com café
Assim é o cotidiano de uma indígena – mulher.

Faz parte da rotina a ida à roça
Pegar lenha para o fogo não faltar
Arrumar a casa e os meninos para estudar
Pôr a roupa na corda para o sol secar
Um pente no cabelo para ir à cidade
A luta hoje também é fora do lar.

Em casa a vida caminha serena
Como folhas no rio de bubuia a deslizar
Na aldeia ou cidade, a casa é aconchego
Porque nela ecoa sua voz, seu cantar.

Na cidade o acampamento
Fica perto do Congresso
Por direitos coletivos está apta a falar
Com o menino no colo, enfrenta um exército
Na dança de guerra ecoa o velho maracá.

A força e bravura vêm do ventre materno
E sendo deputada mostra seu poder de articulação
Ali tem quem seja coração quente de verão
Outros nem tanto, são frios como vento de inverno
Mulher indígena, teu legado é eterno.

Mulher gota d'água

Mulher vinda das águas
Gotas caindo na imensidão
Caminho molhado de chuva
Filha de um trovão

Veio a descendo suavemente
Na bolha por proteção
Tocou a folha sagrada
Se uniu ao rio feito canção
Emergiu Kambeba

Com a força de mil ancestrais
Tornou-se a cunhã mais bela
Trouxe o tupi das línguas gerais

Rezadeira, benzedeira, pajé
Parteira, riozeira, gente de fé
Canta, dança o ritual
Chama o curupira, seu ancestral

Para contar-lhe as novidades
Dos perigos da cidade
Valorizando a mocidade
Que te faz poeta mulher

Em cada gota que cai de chuva
Traz a alma de uma cunhã
Em forma de água, de rio, de mar
Líquida mulher
Que corre manso sem parar

O peso do cocar

Pesa sobre meus ombros
A força que vem das penas
O fato de ser herdeira das plumas
Dos pássaros que livre ecoam
Ecos de liberdade
Do alto de uma velha samaúma

E que peso tem o cocar?
O peso de continuar a resistir
De não desanimar das lutas
E com todos procurar se unir
Criando redes de solidariedade
Fortalecendo a identidade.

O cocar tem valor de cultura
Sagrado, ciência, educação
Na cabeça é coroa
Representa cada nação
Na sua singularidade
Vivendo na aldeia e na cidade

Pesa sobre meus ombros
O saber dos ancestrais
O cocar que traz a força
Para os nossos rituais

Peço licença ao grande espírito
Para esse sagrado usar
E energizar meu ser mulher
Nas águas do rio, nas ondas do mar

O sagrado feminino indígena

Sagrado é saber
Que em teu colo se aprende
No ventre que gera outro ser
A mão que tece fios de esperança
Acalenta com amor o filho ao nascer

Na cultura dos povos originários
Aprendemos o bem praticar
Colher ervas na mata
Para a dor do outro tirar
Tanto faz ser mau olhado
Quebrante ou mundiação

A pajé faz seus rezos
Benzimentos e adivinhação
Para saber de onde vem
A enfermidade que incomoda
O corpo, a alma ou o coração

Com um olhar firme
De quem sabe o que deve fazer
A pajé olha de longe
Quem vem vindo
Para um atendimento receber

Sua casa é distante da aldeia
Precisa de silêncio, tranquilidade
Para se conectar com seus caruanas
E receber as energias
Que movimentam a caridade

Salve nossa pajé!
Com sua dança ancestral
No fogo do sagrado feminino
Vem a fumaça que afugenta todo mal
É uma senhora tão serena
Sorriso que acalma
Voz que tranquiliza o espírito
Raio de sol de um entardecer

E nesse rio de identidade
Enfrentamos o invasor
Passamos por adversidades
Desconstruindo com amor
Ideias do colonialismo

Nhanderu nos ajude
A manter acesa a lamparina
Que amplia nossas visões
De mundos, gerações

Uma carta enviada ao céu

Castanhal, 14 de julho de 2020

Minha mãe, escrevo aqui de Castanhal no Pará, onde atualmente moro, para lhe falar de como estou, da minha saudade e para dizer que tenho pedido às ancestralidades/espiritualidades que cuidem bem da senhora nesse novo plano onde foste morar.

Nesse ano de 2020, vivemos uma pandemia difícil chamada Covid-19. Muitas pessoas queridas estão morrendo, perdemos parentes nas aldeias vítimas desse vírus e a ciência corre contra o tempo para buscar a vacina que venha contribuir para a cura desse mal.

Estamos todos em nossas casas na cidade e na aldeia sem poder sair, tememos por nossas vidas e a vida de amigos, parentes e até de quem não conhecemos, mas acompanhamos os fatos pelos jornais. Corpos amontoados enterrados em uma mesma cova ou refrigerados em locais específicos para que a família possa fazer o reconhecimento e possa lhes dar o enterro digno. Nas aldeias, anciões se foram, e jovens também, pois o vírus não escolhe faixa etária.

Mas escrevo para dizer de minhas memórias revividas todos os dias, para evitar que desapareçam ou que caiam no cantinho do esquecimento. Lembro de cada momento vivido ao seu lado. Hoje é um dia especial, levantei cedo e lembrei que é a data de seu aniversário. Abri a janela, olhei as plantas na varanda, vi o dia despontando bonito. O sol já estava de pé, todo radiante. Nessa hora, eu pensei: onde ela está? Se ela estivesse aqui, estaria molhando as plantas. É que no meio das flores você conseguia ficar bem escondida, disfarçada de rosa menina.

Fui até a cozinha, peguei água e comecei a molhar as plantas, conversando com elas como você faria. Lembro que, ao lhe perguntar do por que falava sozinha, me dizia: "não falo só, elas me escutam e conversam comigo. Precisamos conversar com as plantas, elas escutam e se comunicam". Hoje entendo o que é o território do afeto e como ele se constrói entre o ser humano e a natureza.

Já eram quase sete e meia da manhã quando fui até a porta da cozinha e olhei as árvores no quintal. Elas se balançavam exuberantes, folhas secas caídas ao chão trazidas pelo vento pareciam agitadas. Os passarinhos cantavam, animados. Lembrei de sua voz dizendo: "levanta, menina! Os passarinhos que não devem nada a ninguém já estão cantando e trabalhando e você ainda está dormindo?".

Nessa hora em que eu rememorava minha infância, me veio um cheiro de café gostoso, claro que era da vizinha ao lado. O cheiro do café me trouxe o cheiro da fumaça, a vontade de ver a lenha queimando no fogão e a gente ao lado para espantar o frio da manhã no calor do fogo. Claro que não era da casa da vizinha o cheiro da fumaça, era da minha memória de infância na aldeia Belém do Solimões. Na aldeia, às cinco da manhã, já se começava a sentir o cheiro da lenha no fogão e da banana assada, do peixe moqueado.

Lentamente, a aldeia ia se acordando e as pessoas iam saindo de suas casas, as vozes eram ouvidas pelas ruas barrentas, e da janela eu via passos apressados: uns vindo da pescaria e outros indo pescar o almoço. O rio, incansável, sempre acolhendo corpos em movimento num rito sagrado de fortalecer a cooperatividade, solidariedade visível em cada gesto, diálogo, olhar. Hoje, essas memórias são fundamentais para minha compreensão de como funciona a dinâmica de uma aldeia, a territorialidade do rio que, mesmo calmo, remansoso, está em movimento, transformação, banzeirando em nosso corpo identidade, espiritualidade de um sábio ancião. Águas que se renovam, paisagens que se transformam e nos transmitem valiosas lições que vão nos acompanhar durante a permanência neste plano terreno.

Hoje, morando na cidade, buscamos manter a identidade nas pequenas e simples formas de territorialidades que trazemos na memória e no pertencimento de ser povo originário. E assim vou vivendo por aqui, sentindo saudades, uma saudade eterna e que hoje não me machuca como antes porque entendo que existe um outro mundo e que a matéria se decompõe, mas o espírito encontra um outro caminho para continuar vivo, que é o da ancestralidade, a orientar quem na terra tem que ser continuidade de uma missão.

Cresci vendo uma mulher de atitude forte, guerreira, enérgica quando precisava, serena em outras situações, firme nas palavras e decisões, sábia no ato de transmitir saberes, espiritualizada para ajudar na cura física. Uma mulher de força na voz, com rosto sério e que impunha respeito tanto dos homens quanto das mulheres da aldeia, mas tinha um coração generoso, solidário, cheio de caridade e amor. Em nossa casa sempre tinha espaço para quem chegava e precisava pernoitar ou se alimentar; pessoas que vinham pesquisar, conhecer a aldeia. Na cidade de São Paulo de Olivença, nossa casa pequena no tamanho, mas grandiosa na generosidade de acolher os parentes que chegavam para estudar. Vinham, estudavam, terminavam os estudos e voltavam para suas aldeias.

Com suas ações, me deste a possibilidade de entender o bem viver na prática, pela pedagogia simples do povo Tikuna, que não precisa de muita estrutura didática, apenas da paciência, da escuta e da prática. E esses aprendizados profundos hoje me servem como forma de buscar um mundo melhor para tantas outras crianças que vivem na aldeia e na cidade. Sinto sua falta como toda filha sente falta da mãe, e, quando quero tomar decisões sérias, fecho os olhos e lhe vejo com uma vassoura na mão, ou deitada na maqueira de tucum cachimbando a sabedoria de um conselho que vinha sempre seguido de uma narrativa.

Ao conseguir realizar uma cura, nunca pedia nada em troca, sua fala era: "se vem de graça é para ser de graça partilhado". Lembro que em todo velório nós estávamos. E, quando perguntava por que tínhamos que ir no velório de tal pessoa, ouvia de sua voz firme, mas entre sorrisos, a seguinte frase: "porque isso é caridade e também para no meu velório não faltar gente". E, de fato, no seu velório não faltou gente. Muitos emocionados lembravam de suas boas ações em vida.

Foste a minha primeira poeta, escrevia textos e eu lia para o turista na aldeia. Sua poesia era linda e simples como a natureza. Tinha uma escrita caprichada, letra bonita, uma compositora e cantora para mim maravilhosa, e me falava das músicas da época de juventude na cidade de Manaus. Me dizia que a minha voz tinha que alcançar uma distância sem precisar gritar, porque não se tinha microfone na aldeia. Sei de seu amor e carinho pelos Tikuna, a dedicação que teve no ensino na aldeia. É difícil chegar na aldeia Belém do Solimões e não encontrar quem diga: "estudei com a professora Assunta".

Foi possível sentir sua garra e coragem nas contribuições para as tomadas de decisões junto às lideranças, caciques do povo Tikuna. Buscou seu lugar na sociedade Tikuna e sua voz era ouvida e respeitada como liderança. Hoje, a ocupação da mulher nos espaços de luta alcançou um grande expoente e se expande a cada dia na aldeia e na cidade. Você ia gostar de ver essa frente feminina de mulheres indígenas que eu venho acompanhando no decorrer do tempo vivido. Tenho observado muito e participo das ações que a espiritualidade me proporciona estar.

Abre-se um novo tempo em que a voz feminina tem poder de decisão; percebo hoje uma luta mais igualitária. A mulher indígena ocupa cargos como de cacica, de pajé, sem deixar de vivenciar o dom de ser mãe, o cultivo da roça, que é feminina na essência de ser terra. Na política, após a morte de Mário Juruna, ficou uma lacuna que passou a ser preenchida por uma mulher, Joênia Wapixana. Vi também a voz de outras mulheres alcançar outros espaços e ir longe, como a de Sônia Guajajara.

Mas, em minha essência de ser filha, digo que tenho saudades de seu cheiro de tabaco, de folha queimada, de terra molhada. Como não lhe chamar "poesia" se o que de ti ouvi era uma poética retratada no dia a dia, na sabedoria de tua velhice, em cada fio branco que o tempo pintou no teu cabelo, no tom de sua voz, nas lágrimas que rolavam pela sua face, que trazia marcas de um passado de lutas, resistências e cicatrizes das adversidades que o tempo não conseguiu te fazer esquecer. Por tudo isso, quando penso em ti, a poesia nasce em mim pura, simples e serena como sereno era seu rosto o tempo todo.

Quero pensar que a senhora não partiu, mas que virou Matinta e que em algum momento virá assobiar fino e forte, causando em mim arrepios, os mesmos arrepios que sentia na aldeia à meia-noite quando ela assobiava e a senhora nos dizia que já era hora de dormir, pois a Matinta estava visitando a aldeia. Rápido a gente se metia debaixo do lençol.

Fico com a imagem de que a senhora está em algum lugar cuidando da mata, dos animais, defendendo com coragem a natureza contra a máquina da destruição movida pela ganância de uma sociedade capitalista que busca o viver bem e não o bem viver.

Por aqui eu sigo, minha mãe/avó Assunta, em sintonia com seu espírito e o de tantos guerreiros e guerreiras que por nós passaram e deixaram sua marca registrada do ensino do bem viver em cada gesto, em cada palavra, em cada coração. Nossa comunicação continua e nesse momento lhe escrevo para dizer que permaneço firme na luta, imaginando como seria sua atuação, o que faria vendo tantas coisas ruins que vêm acontecendo com os povos nas aldeias e na cidade.

Sob os seus cuidados, aprendi a pedagogia do acolhimento, do afeto, da solidariedade, mas é difícil fazer esses saberes serem vivenciados neste mundo em construção onde "tudo é meu e nada é nosso", onde se vive disputando espaços, olhares e atenção, o que impede que possamos sentir alegria e orgulho do meu parente/irmão.

Por isso, lhe peço que nos mande forças e coragem para continuar a missão, a resistência com união e dedicação. Do lado daqui, ainda materializados em pessoas, continuaremos sendo gota d'água a cair no rio todo dia e a emergir como povo Omágua/ Kambeba, como parente, irmãos. Certa de que teremos um reencontro nessa morada eterna, encerro esse relato de memória com meu abraço forte de muito amor e dedico à senhora a poesia "Minha pajé", onde fazer fortalecia a sua missão.

Minha pajé

Serena quando quer
Seriedade que mantém a fé
Na sabedoria que te faz pajé
Preparos, unguentos, rezos
Medicina sagrada
Canto de mulher.

No sonho, a conexão espiritual
Na casa, o cuidado maternal
Pajé é humana e sua evocação vai trazer
Energias de um outro mundo
Onde poucos conseguem ver.

A água se agita e se conecta com o coração
Conversa de entes para pedir proteção
É boto, Iara, saudando a pajé
Que canta e dança na beira do igarapé
Dança de mundos, conexão e união.

Tataravó, trisavó, bisavó, avó
És a terra que cura
Voz forte ecoando na mata escura
És nossa ajuda nesse tempo de secura
No mundo das pajés, a sintonia é forte sinal
É preciso respeito com o mundo ancestral.

Senhoras dos ancestrais

Da memória de minha infância
Trago muitas recordações
De mulheres fortes e sábias
Que me ensinaram grandes lições.

A fé de um pajé benzedeiro
A força de um grande guerreiro
A esperteza de um animal feroz
A vivência de um povo riozeiro.

Mulheres fortes de paz e de garra
Seu sorriso alegria me traz
No orgulho de ser indígena
E viver nossa identidade na paz.

Filhas dessa terra que tanto se cobiça
Grafismos na pele, beleza que enfeitiça
No pertencimento, a certeza de ser humana
Senhora, memória, linhagem de uma história.

Assunta, minha avó,
Era filha da Delma, minha bisavó
Delma era filha da Maria, minha trisavó
Maria se negava a falar português
Reflexiva, gostava de ficar só
Tinha uma ancestral que atendia por Micaela
Diz a minha avó que era muito bela
Delma, com essa eu convivi
Gostava de contar histórias de assombração
Ouvia e guardava no coração.

Uma, minha avó não era
Mas no coração me tinha
Seu nome nunca vou esquecer
Minha avó, velhinha, minha Chinha.

Todas estão na ancestralidade
Repassaram cultura
Sabedorias sussurradas no ouvido
E não as esqueço jamais
Quem são essas mulheres?
Minhas avós, senhoras dos Ancestrais.

Pajé Kumaruara

Eu sou filha da mata
Iara me ensinou a cantar
Na cuia sagrada a fumaça
Te espero para defumar

A fumaça espanta energia ruim
Tirada de pedaços de breu secantar
Um pouco de pó de cumaru
Espanta tristeza
Espalha alegrias pelo ar

A fumaça abre o canal
Chama força ancestral
Para fortalecer
Vem caruana, caruara
Com a força da pajé kumaruara
Para me benzer

Salve as benzedeiras
Salve as curandeiras
Salve as pajés
Salve o sagrado

Mãe dos rios

Teus olhos são sinais
Orientam o navegante
Vigia os passos do canoeiro
A vida do retirante

Da cunhã é mãe
Avó, bisavó, tataravó
Memórias líquidas
Faz banzeiro até desaguar

No rio de identidades
que inundam o coração
Narrativa ao pé do fogo
Faladas viram canção

Singela aparece na lua cheia
Cabelos de cipó
Cajado de sabedoria
Encantada não anda só

Guardiã do ontem e do hoje
Enfrenta desafios
Na voz de muitas mulheres
É senhora de muitos rios
Ente que nos faz sentir
Emoção, arrepios, assobios

Canoeira

Quando a canoa partir
Deslizando no rio de água pura
Quero sentir o cheiro do remanso
Que me faz arquivar
Memórias da vida dura.

Remando está a educação
Ambiental, social, cultural
Palavras que vêm e que vão
Dos seres, encantos, cosmovisão.

Quando eu me for
Quero ir assim
Levada pela remada da natureza
Na proa sentada vendo a beleza
De lá, de cá, das profundezas.

Mas antes de ir
Quero partilhar saberes
Refletir, desarrumar
Rearrumar, repensar ideias
Conversar com outros seres
Convidar para mudanças
No modo de ver, sentir, agir, pensar.

E depois ver a canoa remando
Na travessia do mundo espiritual
Cada um tem um destino no mundo
E na partida a vida não se acaba
Não tenha medo, está longe o final.

Te cuida e faz o melhor
Para tua canoa conseguir atravessar
No rio, lago, num estreito canal
Do universo ancestral
Eu cuido da minha canoa
Enquanto sou gente, mulher, pessoa.

Contadora de histórias

Venha, minha avó
Traga sua memória
Vamos relembrar
Pegadas de nossa história

Solte a fumaça da cultura
Pelo cachimbo do saber
Fale para nossas crianças
Das lutas que tivemos que viver

Sentimos o genocídio
Atravessadas
Pela espada da opressão
Estupro, morte, invasão
Tem sangue das parentas pelo chão

Estamos em guerra
Mas nossa caminhada não se encerra
Porque sempre terá quem conte uma história
Narrando cenas de dor e de glória
Sob a fumaça da memória

Gratidão à vida!

Meu presente a você

Obrigada, Vida!

Que maravilhoso é poder ter amigos, seres tolerantes, amáveis, compreensíveis, risonhos, no delírio de cada um, seja lá que delírio for, sem críticas, sem julgamentos.

Obrigada, flor da natureza...

Poder enxergar a beleza da manhã na compreensão dos erros da humanidade, que saltitam por melhoras.

Obrigada pelo perdão, pelo amor, pelo olhar que eu possa oferecer a cada amigo e que cada amigo possa aceitar os meus gestos e olhares tão doces, amáveis, num tom de ternura que possa modificar mentes com a minha tolerância!

Obrigada por tolerar a quem a seu lado estiver.

Pensamento de Eliane Potiguara

Este livro foi composto com Fira sans
Impresso em julho de 2023 pela gráfica Loyola
em papel Polén Bold (miolo) e cartão Supremo (capa).